Julia Cameron

Wer sagt, dass Gott nicht gerne lacht?

Julia Cameron

Wer sagt, dass Gott nicht gerne lacht?

Die Leichtigkeit des Göttlichen im Alltag entdecken

Aus dem Amerikanischen von
Susanne Kahn-Ackermann

Knaur
MensSana

Die amerikanische Originalausgabe erschien 2000 unter dem Titel
»Some People Say That God Is No Laughing Matter«
bei Jeremy P. Tarcher/Putnam, New York

Die Folie des Schutzumschlags sowie die Einschweißfolie sind PE-Folien
und biologisch abbaubar.
Dieses Buch wurde auf chlor- und säurefreiem Papier gedruckt

Besuchen Sie uns im Internet:
www.knaur.de

Satz: Ventura Publisher im Verlag
Druck und Bindung: Ebner & Spiegel, Ulm
Printed in Germany
ISBN 3-426-66653-7

2 4 5 3 1

Ich würde gerne noch »einen Schritt weiter« gehen
und dieses Buch
John Newland in seinem neuen Land widmen.

Danksagung

Elizabeth Cameron
Sara Carder
Heidi Castleman
Sonia Choquette
Dan Conroy
Rhonda Flemming
Joel Fotinos
Natalie Goldberg
Michael Graham
Rosemarie Greco
Schwester Julia Clare Greene
Christina Grof
David Groff
Gerard Hackett
Bernice Hill
Elberta Honstein
Ezra Hubbard
Jo Ann Ianotti
Arnold Jones
Bill LaVallee
Emma Lively
Larry Lonergan
Julianna McCarthy
James Navé
John Newland
Domenica Cameron Scorsese
Max Showalter
Rosemary Welden

Inhalt

Einleitung

Als ich 1992 *Der Weg des Künstlers* herausbrachte, hatte ich bereits über zwei Jahrzehnte als Künstlerin gearbeitet und Romane, Theaterstücke, Drehbücher für Film und Fernsehen, Kurzgeschichten, Gedichte und Songs geschrieben. Ich war eine schaffende Künstlerin, das war meine Identität. Mit den Jahren hatte ich ein ganzes Instrumentarium entwickelt, um mich von Blockaden freizuhalten. Dieses Instrumentarium, diese spirituellen Arbeitswerkzeuge einer Künstlerin waren persönlicher und pragmatischer Natur und aus meiner eigenen schöpferischen Erfahrung heraus entstanden.

Die Kreativität, das Schöpferischsein, ist ein spiritueller Weg und gewährt viele spirituelle Einsichten, auch wenn wir das selten so sehen. Nichts lehrt uns mehr Geduld als die dritte Überarbeitung eines langen Romans. Nichts lehrt uns mehr Demut und Akzeptanz als eine grausam bissige Kritik. Wenige Dinge lassen uns mehr spirituelles Staunen erfahren als die plötzliche schöpferische Inspiration – eigentlich eine Vision, die uns zum Dienst an einem Kunstwerk aufruft, ein Dienen, das sich über Jahre oder sogar Jahrzehnte hinziehen kann, während wir an der Umsetzung und Verwirklichung der Vision arbeiten. Kunst zu schaffen, ist wirklich eine Berufung im wahren Sinn des Wortes. Künstler werden *aufgerufen*, Kunst zu schaffen. Und es war und ist das Schaffen von Kunst, das mich meine spirituellen Lektionen lehrte und lehrt.

Als die verkauften Exemplare meines Buches *Der Weg des Künstlers* die Millionengrenze überschritten hatten, musste ich feststellen, dass ich nun plötzlich nicht mehr wegen meiner künstlerischen Arbeit bekannt war, sondern wegen ihres Nebenprodukts – der Werkzeuge, die ich entwickelt hatte, um mich und meine Künstlerfreunde von Blockaden freizuhalten. In der

Öffentlichkeit wurde ich jetzt als »Kreativitätsexpertin« und »spirituelle Lehrerin« hingestellt und wahrgenommen. Man kann wohl sagen, dass ich beides bin, aber diese Aspekte meines Daseins sind ein Ausfluss meiner primären Identität als Künstlerin. Es ist das Schaffen von Kunst, das mich mein spirituelles Handwerkszeug lehrt – ein wesentlicher Fakt, der sich leicht übersehen lässt und oft übersehen wurde, und wenn nicht von mir, dann von anderen.

Plötzlich fand ich mich in die »Spiritualitätsarena« katapultiert, ich wurde eingeladen, mich an Websites zu beteiligen und an Lehrveranstaltungen im Verein mit jedermann von Deepak Chopra bis hin zum Dalai-Lama teilzunehmen. Man bat mich, Vorträge über Kreativität auf Kreuzfahrtschiffen und an Kraftorten überall auf der Welt zu halten. Die Spiritualität war, so schien es, ein großes Geschäft – und ich anscheinend nicht minder. Ich war keine Person mehr, sondern ein Produkt, sogar ein Markenprodukt. (Sie können sich vorstellen, was das für ein Gefühl war – bestand wirklich eine »spirituelle Notwendigkeit« für ein *Der Weg des Künstlers für Zahnärzte*?) Man bat mich, Schönheitsbücher zu promoten (*Der Weg des Künstlers für Models*?). Manchmal kam es mir so vor, als hätte jedermann eine Vorstellung davon, wer und was ich seiner oder ihrer Meinung nach sein sollte, aber keine davon, wer ich nach eigener Anschauung war.

Ich wurde gebeten, alles und jedes zu tun, außer diejenige zu sein, die ich wirklich war – ein Vorführmodell meines eigenen Werkzeugkastens für Künstlerinnen und Künstler. Jeden Tag musste ich mir die Zeit und den Raum erkämpfen, um meiner eigenen schöpferischen Berufung folgen zu können: der Dichtung, der Musik, den Romanen und Theaterstücken, die, ganz gleich was, geschrieben werden wollten. In der mir zugewiesenen Rolle der exemplarischen spirituellen Lehrerin fühlte ich mich oft wie eine perfekt fehlbesetzte Schauspielerin in einem Theaterstück.

Als Künstlerin mit dem Auge einer Künstlerin musste ich feststellen, dass ich das aktuelle spirituelle Terrain oft ein wenig anders beurteilte als viele andere. Ich erblickte eine Komödie, wo sie ein großes Drama sahen. Ich erlebte eine Farce, wo andere der Aufführung eines Moralstücks zuschauten. Wie Dorothy, die in *Der Zauberer von Oos* hinter den Vorhang lugt, entdeckte ich oft die altbekannten Machenschaften des Showbusiness und Kommerzes, die sich als Antriebsmotor hinter der heilig-feierlichen Fassade versteckten, welche einem spirituell ausgehungerten Publikum präsentiert wurde.

Als Schriftstellerin und Regisseurin, die Jahre in Hollywood verbracht hatte, durchschaute ich es ganz klar, wenn offiziell spirituelle Leute eine »spirituelle Show abzogen«. Ich erkannte ganz deutlich, wenn Spiritualität manipuliert und in eine Form gepresst wurde, um in ein Rezept zu passen, das ebenso klischeehaft und künstlich war wie viele Filme der Woche. Diese gekünstelte Frömmigkeit beunruhigte mich zutiefst. Spiritualität, wie ich sie verstehe, ist etwas ganz anderes als das, was ich hier als »spirituell« feilgeboten sah. Und als Schriftstellerin, die ich bin, musste ich schließlich etwas über diese erschreckende Unstimmigkeit schreiben.

Das Ergebnis ist dieses Buch. Ich habe versucht, darin meine Sicht der Künstlerin von der Spiritualität zum Ausdruck zu bringen, die sich auf meine persönliche Erfahrung mit dem Erschaffen, mit der Schöpfung und dem großen Schöpfer – diesem Künstler ohnegleichen – gründet. Es ist durchaus möglich, dass Sie das Buch für nicht sonderlich spirituell halten werden, doch inspirierend werden Sie es wahrscheinlich schon finden. Ich habe keinen Versuch unternommen, meine Wahrnehmungen und Auffassungen vom spirituellen Weg einer Zensur zu unterwerfen, weshalb Ihnen die Unebenheiten – und so manches Ungeschliffene – nicht entgehen werden. Im Wesentlichen werden Sie hier kleine Essays, Tests, Fragen und ein Potpourri von

Übungen und Experimenten vorfinden. Ein Lehrprogramm werden Sie allerdings in diesem Buch vergeblich suchen. Gott ist kein Lehrplan und kein intellektuelles Konstrukt. Gott ist nicht noch so eine Sache, bei der wir uns hervortun und glänzen müssen. Gott ist jemand oder etwas, dem wir auf unsere jeweils ganz eigene *kreative* Weise begegnen.

Julia Cameron

Blind Date

Die meisten von uns wissen zunächst einmal gar nicht, wie sie an Gott herangehen sollen. Wir schleppen eine Menge Übergepäck mit uns herum – Erwartungen und Dinge, »die man uns über Gott erzählt hat« –, und daher kann sich das Ganze sehr wie ein Blind Date anfühlen. Und zwar ähnlich wie in gewissen Comedy-Soaps, in denen alle wissen, dass zwei zusammengehören – außer denjenigen, die sich nicht auf das Blind Date einlassen.

Der Trick – bei Gott ebenso wie bei einem Blind Date – ist nämlich der, dass Sie drauf eingehen: dass Sie sich erst einmal hübsch anziehen und dann einfach blicken lassen. Wer weiß? Vielleicht stellt sich ja heraus, dass Gott groß gewachsen ist und fabelhaft aussieht. Oder blondes Haar hat und eine echt gute Figur. Dass er jemand ist, den Sie wirklich mögen. Jemand, mit dem Sie gut reden oder tanzen können. Jemand, der Ihre Späßchen versteht und die gleichen grauenvollen japanischen Monsterfilme mag wie Sie.

Das alles werden Sie allerdings nicht in Erfahrung bringen, wenn Sie nicht den Versuch machen, Gott zu begegnen. Wenn in Ihrem Kopf die übernommenen »So-ist-Gott«-Stereotypen immer wieder abgespult werden, dieser ganze gequirlte spirituelle Käse, verpassen Sie vielleicht Gott, der in Gestalt des netten Mannes von der Müllabfuhr Ihre Sonderladung Müll mitnimmt, ohne dass Sie erst zum Telefon rennen und dem zuständigen Bürokraten Feuer unterm Hintern machen müssen, damit er einen weiteren Laster samt Fahrer vorbeischickt. Sie könnten Gott in Gestalt einer rot geflügelten Amsel oder eines schimmernden Flusskiesels verpassen. Sie könnten an Gott schlicht und einfach vorbeilaufen, Punkt, aus.

Vieles, was wir über Gott gelernt haben, könnte aus einem Lehr-

film fürs Militär stammen: sehr, sehr ernst und autoritär. Nach dem Motto »Gott ist eine überaus ernste Angelegenheit« oder »Mit Gott ist nicht zu spaßen«. Ich bin mir da aber nicht so sicher. Ich meine, Gott könnte einen ausgeprägten Sinn für Humor haben. Schauen wir uns doch zum Beispiel nur einmal die Tintenfische an – oder die Paviane mit ihren lustigen knallroten Hintern. Ja, manchmal denke ich, dass *wir* die Grimmigen sind, während Gott einfach im siebten Himmel herumschlendert und darauf wartet, dass sich unser Gemüt ein wenig aufhellt. Wäre doch immerhin möglich.
Wenn Gott für Sie sehr »ernst« ist, brauchen Sie vielleicht nur zu erforschen, warum: Ist es wirklich Gott oder ein erlerntes Denkmuster? Ein schlechtes Erlebnis, das Sie mit Gott in Verbindung brachten, hat Sie vielleicht betrübt werden lassen?

Experiment

Die Welt des Geistes steht allen offen, die nach ihr streben. »Im Haus meines Vaters gibt es viele Wohnungen«, lehrte Christus. Doch viele von uns bleiben in der Wohnung ihrer Kindheit eingesperrt. Vielleicht erdrückt uns dann als Erwachsene unsere unbewusste Akzeptanz einer Gottesvorstellung, der wir schon längst entwachsen sind. Die folgenden Fragen sollen Ihr Verständnis von Gott klären helfen.

1. Mit welcher Religion, wenn überhaupt, wuchsen Sie in Ihrer Kindheit auf?
2. Was für eine spirituelle Atmosphäre herrschte bei Ihnen zu Hause?
3. Was hat Sie Ihre Mutter über Gott gelehrt?
4. Was hat Sie Ihr Vater über Gott gelehrt?

5. Beschreiben Sie den Gott Ihrer Kindheit unter Verwendung von mindestens zehn Adjektiven.
6. Ist das noch immer der Gott, an den Sie glauben?
7. Wie sieht Ihre gegenwärtige Gottesvorstellung aus?
8. Beschreiben Sie Ihre ideale Gottesvorstellung unter Verwendung von mindestens zwanzig Adjektiven.
9. Schreiben Sie einen Brief an den Gott Ihrer Kindheit.
10. Nehmen Sie sich eine halbe Stunde Zeit. Gehen Sie aus dem Haus. Unternehmen Sie etwas. Es muss nichts Großartiges sein, aber zelebrieren Sie es. Machen Sie einen Spaziergang, einen Schaufensterbummel, trinken Sie genüsslich einen Cappuccino. Lassen Sie sich auf einer Parkbank nieder. Seien Sie wach und darauf gefasst, Gott in irgendeiner Form zu begegnen. Dies ist Ihr Blind Date.

Verbindung

Als in unseren Städten noch nicht ein solches Gedränge herrschte und unser Lebenstempo bei weitem weniger rasant war, fanden sich überall Spuren und Zeichen von Gott. Ja, wir sahen Gott buchstäblich vorbeischweben. Der unvermutete Anblick eines Kardinalvogels im hohen Kieferngeäst war wie ein Emporlodern unserer Seele, die augenblicklich eine höhere Ordnung erspürte. Man glaubte, der Himmel und das irdische Leben hier unten seien miteinander verbunden – und als miteinander verbunden wurden sie auch erfahren.

In unserer modernen Welt ist der Glaube an eine höhere Ordnung der Dinge und Ereignisse eine Einstellung, die wir gewählt haben. Doch noch vor einem Jahrhundert stützte und festigte ein solcher Glaube unser Gesellschaftsleben, fand er seinen politischen Ausdruck im »Manifest Destiny«* und seine tröstlichen Grundannahmen buchstäblich in Stein gemeißelt: »Zu seinem Schöpfer heimgegangen.«

Die Grausamkeit und scheinbaren Launen der Jahreszeiten – unzeitiger Frost, Dürre – kündeten in der gläubigen Rückschau vom Wirken einer höheren Hand. Durch Periodizität und Erneuerung schulte und erzog uns die Natur auf Schritt und Tritt im Glauben. Heute sind wir der Natur entrückt, und unser natürlicher Glaube ist ausgehöhlt. Dichter und Mystiker aller spirituellen Traditionen berichteten von der ekstatischen Schau Gottes in Alltagsbegebenheiten. Unser Rationalismus hat uns eine solche spirituelle Empfänglichkeit aberzogen. Wir glauben jetzt an »Zufall«, wo wir einst von »Gnade« sprachen.

* Eine als notwendig oder wohlmeinend verteidigte Politik der imperialistischen Ausdehnung und im 19. Jahrhundert eine Doktrin, dass die USA das Recht und die Pflicht hätten, sich über den ganzen nordamerikanischen Kontinent hinweg auszubreiten.

Diese Erfahrung können wir ganz direkt und unmittelbar machen und uns dafür entscheiden, eine solche innere Führung als spirituell anzusehen – mag sie sich auch noch so persönlich und pragmatisch ausnehmen. Und das widerspricht vielem, was wir gelehrt wurden.
Wir, in unserer rationalen, geschäftigen Gesellschaft, glauben oft an einen fernen Gott, der allzu groß und körperlos ist, um das Universum, das er erschaffen hat, in seine Arme zu schließen. Durch diesen Glauben erblindet, distanzieren wir uns selber von der göttlichen Hilfe, die uns auf tausend winzigen Wegen zukommt. Wenn Gottes Auge auf dem Spatzen ruht, so ist das unsere zu abgelenkt, um den Zaunkönig zu bemerken.
Ich wohne eine knappe Meile vom Pazifischen Ozean entfernt, der sich auf das Wetter in unserer Gegend auswirkt. Der Tag begann heute strahlend, blau und sonnig, und der Himmel war eine umgestülpte azurne Schüssel. Der Rosenbusch der Nachbarin bot eine einzige vollkommene Blüte dar, eine korallenrote Rose so Leben sprühend, dass sie vor Energie zu pulsieren schien. Anwohner spazierten Hand in Hand und aalten sich in diesem vollkommenen Tag. Ein privater Flohmarkt an der Ecke machte ein flottes Geschäft. Ich erhandelte für fünfzehn Dollar ein Holzbrett für Sit-ups. Jetzt sieht es so aus, als könnte ich es brauchen. Ein kalter grauer Nebel wallte vom Ozean herein. Wie Rauch treibt er durch die Gärten und zieht zwischen den Bäumen dahin. Mitte Oktober – drüben im Osten verbrennen sie jetzt das Laub. Hier kündigen die rauchfarbenen Schwaden feuchten Dampfes das Herannahen des Winterwetters an.
Fröstelnd in ihren dünnen Pullis hasten jetzt die Anwohner vorüber. Binnen Minuten waren die Temperaturen um fünfzehn Grad abgesackt. Es ist nicht mehr warm. Tiger Lily, meine weißgoldfarbene Cockerspanielhündin, kommt aus dem Garten herein und kuschelt sich gemütlich an meiner Seite zusammen.

Ihre heitere Stimmung ist verflogen. Ihr Gemüt ist bewölkt wie der Himmel.

So wie das trügerische Wetter heute Morgen scheint auch die eigene spirituelle Verfassung von Augenblick zu Augenblick Schwankungen unterworfen und weitgehend eine Sache der Wahrnehmung zu sein. Es ist Spätnachmittag in Manhattan, und das goldene Licht, das der Hudson abstrahlt, bringt deine Bürofenster zum Leuchten. Der Tag geht zur Neige, und du hast ein paar Augenblicke für private Telefonate. Die untergehende Sonne lässt die roten Backsteinbauten unter dir in einer Symphonie prächtiger mittelalterlicher Farbtöne auflodern. Die Stadt – ein Füllhorn an Menschen und Erlebnissen, ein von Gewürzen überquellender Basar. Du wendest dich deinen Anrufen zu, aber niemand ist da. Sie haben es alle geschafft, schon früh dem Büro zu entfliehen. Das wundervolle Licht schwindet. Plötzlich steht dir ein einsamer Gang nach Hause in dein voll gestopftes Apartment bevor. »Diese Stadt ist unmöglich«, hörst du dich sagen. Dir graut vor der erzwungenen Einsamkeit des Abends. Und wieder einmal nimmst du dir Arbeit mit nach Hause ...

Stimmungen wechseln schlagartig. Sie erhellen oder verdunkeln unsere Tage. Irgendwie müssen wir zu einer spirituellen Perspektive finden, die diese Stimmungen achtet wie auch ignoriert.

So groß und problembeladen unsere moderne Welt auch sein mag, wir sind doch nicht ohne Macht und Würde. In den Momenten, in denen wir uns gedemütigt und überwältigt fühlen, können wir die Demut wählen, statt unseren verletzten Stolz zu päppeln. Statt zu fragen: »Wissen die denn nicht, wer ich bin?«, können wir uns die Zeit nehmen und uns daran erinnern, wer wir sind. So klein wir uns auch fühlen mögen, so sind wir doch mit etwas verbunden, das sehr viel größer ist als wir selbst.

Übung

Die Welt ist da, um genossen und ausgekostet zu werden. Sie ist voller erlesener Freuden. Diese Erde ist, so wie wir auch, der Leib Gottes. Wenn wir die Freuden dieser Erde auskosten und genießen, verbinden wir uns mit der Göttlichkeit, die die Erde und uns durchfließt. Das Sehen führt zu Einsicht. Das Hören führt zum Hiersein. Das Berühren bringt uns in Berührung. Das Riechen bringt uns zu unseren Sinnen.
Zählen Sie bitte fünfzig Dinge auf, die Sie besonders genießen und auskosten. Indem wir uns darauf konzentrieren, was wir an der Schöpfung lieben, vermögen wir einen Eindruck davon zu bekommen, was wir an dem großen Schöpfer lieben können:

1. Albertas Chilieintopf,
2. blühende Stockrosen an einer weißen Mauer,
3. Gardenien,
4. Läden für Landkarten,
5. Tschaikowskis »Romeo und Julia«
6. und so weiter.

Bewusster Kontakt

Ich liebe den Ausdruck »bewusster Kontakt« für das Bemühen, mit spirituellem Gewahrsein zu leben. Ich kenne noch andere Ausdrücke dafür, zum Beispiel »Präsenz praktizieren«, aber da habe ich immer das Gefühl, dass die Präsenz auch ohne mein Praktizieren auskommt. Der Ausdruck »bewusster Kontakt« vermittelt mir hingegen das Gefühl von Staunen und Verwunderung, so wie es sich im Film »Begegnung der Dritten Art« auf dem schönen Gesicht Truffauts malt. Wenn Sie den Film kennen, erinnern Sie sich vielleicht noch an diesen Ausdruck: sein Staunen und seine Erregung, als er hörte, wie schwach vernehmbar die himmlische Botschaft erwidert wurde. Kontakt! Und dann, als das Mutterschiff kam und sie alle da standen ...

Für mich besitzt der Ausdruck »bewusster Kontakt« jene Art von Magie, die ein Kribbeln im Nacken auslöst. »Wow, Gott ist da!« So ein Gefühl habe ich manchmal, wenn etwas perfekt und elegant an seinen Platz gleitet. »Ah, göttliches Timing«, denke ich. X begegnet Y, weil es gerade »so geschehen sollte«; es ist, als sähe man zwei Raumschiffen zu, wie sie aneinander andocken. Also ja, »bewusster Kontakt« ist mein Lieblingsausdruck, weil er etwas Lockeres, Leichtes und Magisches an sich hat. Weil er das Gefühl vermittelt, dass es, um mit Gott in Berührung zu kommen, nicht immer nur spiritueller Bauchmuskelübungen und harter Arbeit bedarf. Dass es vielleicht auch so leicht sein könnte wie der Gedanke »O ja, Gott!«. Oder auch »Hallo, Gott!«. So wie ein Kontrollanruf von der Raumfähre an die Bodenstation: »Gott, hier ist Julia. Bist du da?«

Ehrlich gesagt erlebe ich dieses Gefühl, dass Gott »da ist«, unterschiedlich häufig und auf verschiedene Art. Manchmal ist es der Kumpel Gott, der quasi seinen Arm um meine Schultern legt, so als wäre ich John Glenn, der zur Abschussrampe begleitet wird,

um seinen Weltraumflug anzutreten. Dieses geradezu greifbare Gefühl von Gott ist groß – wenn es sich denn ereignet. Und es ereignet sich manchmal.
Meine am wenigsten geschätzte Form von bewusstem Kontakt ist die, die ich »Gott meldet sich aus Houston« nenne. Die Führung ist noch da, aber sie ist körperlos. Kein um die Schultern gelegter Arm mehr. Jetzt ist da der NASA-Bodenkontrolle-Aspekt Gottes in der Leitung. Sie wissen schon: »Dreh das Raumfahrzeug ganz auf den Kopf. Das geht schon in Ordnung. Wir überwachen das von hier unten. Viel Glück, John ...« Einmal ging das bei mir fünf Jahre lang so. Grauenvoll!
Ich denke, wir erleben alle viele Arten von Kontakt. Wir müssen nur offen dafür sein. Manchmal ist es einer von der Art, die Staunen auslöst. Auch der erwachsenste Erwachsene bekommt, wenn er die Geburt eines Tierjungen beobachtet, ein Gefühl wie ein Kind, das die Gaben des Christkinds bestaunt. Sie können keine Geburt miterleben, ohne zu denken: »Das ist unglaublich ...« (Oder wenn doch, dann möchte ich Ihnen lieber nicht begegnen.)
Vor ein paar Jahren ging ich an einem ganz gewöhnlichen Nachmittag so dahin, als ich sah, wie diese völlig normale Umwelt von einem spirituellen Leuchten erhellt wurde. Und das sah ich:

Jerusalem geht um in dieser Welt
Dies ist große Seligkeit.
Die Luft ist seidig.
Sanftheit liegt
In den Blicken von Fremden.
Ich könnte nicht glücklicher sein,
Wäre ich Brot und du könntest mich essen.
Diese Freude ist gefährlich.
Sie füllt mich mit Geheimnissen.

»Ja«, zischt es in meinen Adern.
Meine Mühen, mich zu verstecken,
Sind so blank wie Glas.
Sicher wird dies ein Ende haben,
Der Wind wie Küsse,
Die Musik in der Suppe,
Die Versammlung von Bäumen,
Die lachen, als ich sie beim Namen nenne.

Alles ist Hosianna
Alles ist Gebet.
Jerusalem geht um in dieser Welt.
Jerusalem geht um in dieser Welt.

Ich denke, wir sind alle Mystiker, vergessen es aber einfach oder meinen, Gott spräche nur zu »ganz besonderen Menschen«. Das ist Unsinn.
Bewusster Kontakt kann durch Gebet, Singen, Meditation, Schreiben, Spazierengehen, Tanzen, Malen, Brotbacken aufgenommen werden, durch jede Aktivität, die, Gottes Gegenwart beiläufig eingedenk, achtsam und bewusst unternommen wird.

Experiment

Versuchen Sie in der nächsten Woche jeden Tag, mit verschiedenen Formen von bewusstem Kontakt zu spielen, zum Beispiel:

1. einem zwanzigminütigen Spaziergang,
2. einem Brief an Gott,
3. zwanzig Minuten Sitzmeditation,
4. etwas backen,
5. ein Loblied singen,

6. untertags kleine Gebete sprechen wie »Dein Wille geschehe«, »Zeig dich mir«, »Führe und geleite mich« oder
7. zu Trommelmusik tanzen.

Am Wochenende nehmen Sie sich dann die Zeit, um sich daran zu erinnern, wobei Sie sich wohl gefühlt haben.

Gebet

Wir sprechen von der Liebe Gottes. Wir sprechen in vielen spirituellen Traditionen von Gott als dem Geliebten, und doch erstarren wir, wenn wir vorhaben, mit Gott in der Formalität des Gebets zu sprechen. Liebende benutzen ihre eigenen Worte, wenn sie sich gegenseitig ihr Herz öffnen, doch wenn wir beten, nehmen wir Zuflucht zu einem »großen Gebet«. Wie der Liebende, der ein Sonett Shakespeares schickt oder die vorgedruckte Karte heraussucht, die seinen Gefühlen am ehesten entspricht, schalten wir häufig einen Filter dazwischen, wenn wir uns an Gott wenden, oder besser gesagt: einen Dolmetscher. Vielleicht ist es an der Zeit, dass wir offener und freimütiger mit Gott sprechen.

Die großen Gebete gewähren uns einen flüchtigen Einblick in oder Ausblick von der spirituellen Höhe des Heiligen, von dem sie stammen. Wir mögen diese Höhe anstreben, sie gelegentlich sogar erreichen, aber in der Mehrheit der Fälle würde es uns gut anstehen, wenn wir versuchten, von unserer eigenen persönlichen Ebene her zu sprechen. Und die meine zumindest ist zuweilen nicht gerade sehr hoch.

Die Zwölf-Schritte-Programme, wie sie etwa bei den Anonymen Alkoholikern zur Anwendung kommen, lehren, beim Beten »nur um die Einsicht in Gottes Willen für uns« zu bitten und um »die Kraft, ihn auszuführen«. Als Gegenmittel für die »Gib-mir-gib-mir«-Gebete gedacht, soll diese Anleitung im Bittenden Gott eine Tür öffnen, damit dieser sein Leben besser lenken kann. Doch diese Auflage gerät manchmal unbeabsichtigt zum Hindernis für ein Kennenlernen Gottes. Wie soll denn, wenn persönliche Bedürfnisse und Probleme im Gebet nicht emporgetragen werden dürfen, eine funktionierende Partnerschaft geschmiedet werden?

Der Glaube an einen fernen Gott erzeugt im Glaubenden ein Gefühl von Machtlosigkeit und Unterdrückung und zugleich auch ein Gefühl von Verbitterung und Groll. »Warum«, so fragen wir, »hat Gott nichts gegen den Holocaust unternommen? Oder gegen die Armut? Oder die Gewalttätigkeit in den Städten?« Wenn Gott die Schuld für diese Dinge gegeben wird, sind wir aus dem Schneider. Wir brauchen nicht zu fragen: »Was können wir tun?«

Ein ferner Gott, wie befremdlich er auch sein mag, ist ein bequemer Gott. Um wie viel schwieriger und anstrengender ist da die Vorstellung, dass Gott uns jederzeit und unter allen Umständen zur Verfügung steht – immer bereit, unsere, ob nun kleinen oder großen, Bemühungen und Bestrebungen zu fördern und uns anzuleiten. Bei einem so nahen, so persönlichen und zugänglichen Gott gibt es kein Entkommen aus der Verantwortung. Ein solcher Gott kann in jeder Situation, an jeder Wegbiegung, um Erkenntnis, Inspiration und rechtes Handeln angerufen werden. Ist es da ein Wunder, wenn wir die Vorstellung von einem fernen Gott bevorzugen, der beweihräuchert und umschmeichelt werden muss? Wenn wir an eine solche launische, zurückhaltende oder gleichgültige Gottheit, an einen Gott der Arroganz, glauben, kann bei uns leicht das Gefühl entstehen, dass unsere Träume und Wünsche gottlos sind. Indem wir aber, um mit dem englischen Lyriker und Jesuiten Gerard Manley Hopkins zu sprechen, das Leben als mit »dem Glanz und der Größe Gottes aufgeladen« betrachten, nähern wir uns allmählich einer Form von Spiritualität, die Gott nicht als dem fernen Schöpfer begegnet, sondern als der uns innewohnenden schöpferischen Kraft, deren eine Manifestation wir selbst sind und die wir als Schöpfer selbst weiterhin manifestieren.

Gottes und unser eigener Wille sind einander nicht unbedingt entgegengesetzt, aber solange wir keinen Dialog mit Gott eröffnen, solange wir nicht ein echtes Gespräch anfangen, sind wir wie Partner in einer hohlen Ehe und scheuen uns davor, unsere Ansichten zu äußern. Wir können Gott sagen, was wir möchten, wir können Gott sagen, was wir nicht möchten, und zuweilen können wir auch darüber streiten. Es mag gotteslästerlich klingen, aber es ist ziemlich ähnlich wie beim Sex: Man *muss* sich einfach verständigen.

»In den ersten zehn Jahren meiner Nüchternheit betete ich nur um das Erkennen von Gottes Willen und die Kraft, ihn auszuführen«, schreibt Thomas. »Ich stellte fest, dass ich als Folge davon meine wahren Ziele und Träume vor Gott und vor mir geheim hielt. Zögernd, mich wie ein Ketzer fühlend, begann ich in meinen Gebeten sowohl um Hilfe für das zu bitten, was ich brauchte und wollte, wie auch um das Erkennen von Gottes Willen für mich und die Kraft, ihn auszuführen. Sofort empfand ich ein verstärktes Gefühl spiritueller Freundschaft und Gemeinschaftlichkeit. Als meine Gebete erhört wurden, begann ich mir sicher zu sein, dass Gott sich in der Tat meiner annahm.«

»Ich danke dir« ist ein machtvolles Gebet. Dankbarkeit ist ein erhöhter und empfänglicher spiritueller Zustand. Gebete der Bekräftigung, in denen wir Gott für den Segen danken, den wir erst noch erhalten sollen, ist eine wirkungsvolle Methode zur Stärkung des Glaubens.

»Ich werde geführt. Ich bin beschützt«, beten wir – und so geschieht es auch.

Beten heißt zu Gott sprechen. Wir können flüstern, wir können laut schreien. Wir können uns der Körpersprache bedienen. Wir können in Bildern sprechen. Wir können durch Musik sprechen. Wir können durch Verse sprechen. Es ist weniger wichtig, wie wir reden, wichtiger ist, *dass* wir reden. »Mein Gott, ich bete gottverdammt lausig« ist ein durchaus perfektes Gebet. »Mein Gott, mein Gott, warum hast du mich verlassen?«, betete Jesus. Er nahm kein Blatt vor den Mund.

Experiment

Weil beten sprechen mit Gott bedeutet, kann eine solche Unterhaltung, abhängig von Ihrer Gottesvorstellung, leicht oder schwierig sein. So wie viele von uns unbewusst an überholten Gottesvorstellungen festhalten, sind wir auch in überkommenen Vorstellungen vom Beten verhaftet. Greifen Sie zum Stift und überprüfen Sie Ihre persönliche Einstellung. Prüfen Sie, ob Sie öfter »Ja« oder »Nein« notieren. Gehen Sie dann möglichst über zum »Warum?« und »Warum nicht?«.

1. Glauben Sie an das Beten?
2. An was für eine Art von Gebet glauben Sie?
3. Haben Sie ein Lieblingsgebet?
4. Haben Sie je ein eigenes Gebet verfasst?
5. Gibt es ein Gebet, das Sie bewundern?
6. Haben Sie es mit Dankgebeten versucht?
7. Haben Sie es mit Lobgebeten versucht?
8. Beten Sie für Ihre Freunde?
9. Bitten Sie beim Beten um Hilfe bei bestimmten Schwierigkeiten oder für das Erreichen von Zielen?
10. Bitten Sie um Führung und Anleitung?
11. Hatten Sie in Ihrer Kindheit ein Lieblingsgebet?
12. Hatten Sie ein Lieblingskirchenlied oder gesungenes Gebet?
13. Haben Sie jetzt ein Lieblingskirchenlied?
14. Haben Sie mit dem Beten beim Gehen experimentiert? Probieren Sie einmal, zwanzig Minuten spazieren zu gehen und dabei zu beten.
15. Verfassen Sie ein Gebet für sich selbst, als wären Sie Ihre liebste Freundin/Ihr liebster Freund.

Aufholjagd

In meiner Grundschule hänselten wir uns mit Sprüchen wie: »Du hast wohl hinter der Tür gestanden, als Gott den Grips verteilte?« Vielleicht hat das so viele zu der Ansicht gebracht, spirituell ein bisschen unterbelichtet zu sein und in dieser Hinsicht aufholen zu müssen. Natürlich war auch die Lehre von der Erbsünde nicht eben hilfreich. Die Vorstellung, dass du von Natur aus ein mit Charakterfehlern behaftetes Wesen bist, fördert das, was die Therapeuten »mangelndes Selbstwertgefühl« nennen.

Da sind wir also, ausgesprochen fehlerhaft und auch noch dumm genug, am falschen Ort gewesen zu sein, als Gott die Bonbons verteilte. Ja, derart doof, so könnten wir befürchten, dass wir *immer noch* am falschen Ort stehen, wenn Gott die Bonbons verteilt. Wenn man an die Erbsünde glaubt, ist es nur noch ein winziger Schritt zum Glauben an den »Erbfehler«. »Erbfehler« sehen folgendermaßen aus:

»Ich bog nach links statt nach rechts ab und bin deshalb nie meinem Seelenpartner begegnet.«

»Ich fuhr nach Norden statt nach Süden und landete deshalb im falschen Beruf.«

»Seither habe ich immer wieder solche Fehler gemacht; und deshalb ist es kein Wunder, wenn Gott mich nicht finden kann, um mir die Bonbons zu überreichen.«

Wir stecken in einer interessanten Zwickmühle. Wir glauben zwar an Gott, aber nicht an uns selbst. Wir glauben, dass Gott uns helfen könnte und auch würde, aber irgendwie haben wir es vermasselt. Als Folge davon müssen wir uns an eine Aufholjagd machen und versuchen, unsere Verluste wieder wettzumachen. Doch auf die Idee, dass du dich tatsächlich zur richtigen Zeit am richtigen Ort befinden könntest, kommst du nicht so selbstverständlich, wenn es dir an spirituellem Selbstwertgefühl mangelt (wozu der tadelnde Ton einiger spiritueller Lehrer sein Scherflein beiträgt). Es ist, als glaubten wir, tatsächlich hinter dieser Tür gestanden zu haben. Ja, dass wir da noch immer stehen. Das Spiel steht auf der Kippe, wir sind dran und werden das Team blamieren. Wenn wir an irgendetwas glauben, dann an das. Nimmt es da Wunder, wenn es uns schwer fällt, zu punkten?

Experiment

Viele von uns fühlen sich entfremdet von Gott, weil wir meinen, wir hätten etwas getan – oder etwas unterlassen zu tun –, das inakzeptabel und unverzeihlich sei. Oft spielt sich das im Unterbewusstsein ab. Wir driften ab von Gott, wie wir uns von einem Freund entfernen, gegenüber dem wir unausgesprochenen Groll empfinden oder vor dem wir ein Geheimnis verbergen. Nehmen Sie einen Stift zur Hand, und graben Sie ähnlich einem Archäologen ein wenig in Ihrer Vergangenheit:

1. Haben Sie chronisch das Gefühl, auf einer Aufholjagd zu sein?
2. Gibt es in Ihrem Dasein irgendeinen Fehler, der Ihrer Ansicht nach Ihr ganzes Leben ruiniert hat?
3. Haben Sie Gott gebeten, ihn zu beheben?
4. Würden Sie Gott bitten, ihn zu beheben?
5. Was wäre für Sie ein Symbol dafür, dass Sie erfolgreich aufgeholt haben? Können Sie einen Schritt dahin tun?

Ruhepause

In der Musik kennen wir die »Pause«, einen Moment des Ruhens, ein in das melodische Gefüge eingebautes winziges Atemholen, das der Schönheit der Melodie ein wenig Raum gibt, sich im Bewusstsein auszudehnen. Auch in der Spiritualität kennen wir das »Ruhen«. Man sagt uns, dass wir »im Glauben ruhen«, »in unserem Christusbewusstsein ruhen«, »in den liebevollen Armen des Herrn ruhen« sollen. Ermahnungen, die wir im Allgemeinen metaphorisch auffassen. Wir verstehen darunter nämlich in Wirklichkeit, dass wir uns »fokussieren«, »konzentrieren« sollten. Wir sind es gewohnt, Spiritualität mit harter Arbeit gleichzusetzen, und der Gedanke, dass es anders sein könnte, ist uns fremd.

»Ruhe im Herrn« bedeutet jedoch: Hör auf, dich allzu sehr zu bemühen. Lass, statt nach einem fernen Gott zu greifen, einen vertrauteren und innigeren Gott zu. Hör auf, Gott deine alleinige Aufmerksamkeit zu widmen. Lass Gott dir etwas Aufmerksamkeit schenken. Empfange.

Bittgebete, die Position eines Bittstellers – das sind Dinge, die wir verstehen. Die Vorstellung von Gott als liebevolles Herz oder Heimstatt, der Gedanke an eine spirituelle Beziehung ohne Anstrengung und Bemühen – daran müssen wir uns erst gewöhnen.

Geschwindigkeit macht süchtig, und Geschwindigkeit um der Geschwindigkeit willen ist eine ständige Versuchung. Arbeiten verlangt Disziplin, und nicht zu arbeiten, verlangt ebenfalls Disziplin – zuzulassen, dass der Wasserstand steigt, bis das Handeln wieder zu einem natürlichen Überströmen innerer Fülle wird. Das ist das zyklische Moment des Lebens. Wenn wir uns diesem Strom anheimgeben, mit ihm fließen, entsteht in unserem Inneren ein Gefühl von Richtigkeit. Erzwingen wir das Handeln, geraten wir unter Druck. Und doch kann uns ein Forcieren des Handelns vertrauter sein, können wir uns wohler damit fühlen, als wenn wir eine fruchtbare Ambiguität zuließen. Eine solche Mehrdeutigkeit gebiert oft Angst, und diese unbequeme Angst gibt dann den Anstoß zur Wendung in neue Richtungen. Die Fähigkeit, Ambiguität auszuhalten, ist ein erlerntes Können. Als Künstlerin habe ich gelernt, dass jedes Schauspiel, jeder Roman und jedes Buchprojekt eine dunkle und trübe Phase hat, durch die man sich hindurcharbeiten muss. Der »Trick« liegt darin, seiner wahren Natur treu zu bleiben, auch wenn man zuweilen keinen offensichtlichen Nutzen in allem erkennen kann. Einen Gang zurückschalten, authentisch sein und dem sich entfaltenden Werk lauschen, das die Dinge letztlich zum richtigen Ende führt. Dies ist verwandt mit der Meditation.

Viele von uns scheuen die Meditation auch deshalb, weil wir sie für Arbeit halten – eine Arbeit, die wir vielleicht nicht perfekt machen. Doch was wäre denn, wenn wir sie gar nicht perfekt machen müssten? Was, wenn wir sie gar nicht *machen* müssten? Was, wenn wir ruhen – und Gott den Rest erledigen lassen könnten?

Es gibt einige Redewendungen, die uns eine solche Haltung anschaulich machen können. »Die Präsenz erfahren« ist eine davon. Es bedeutet in diesem Fall einfach, »O ja, Gott« zu denken und dann nichts weiter zu tun. Dadurch können wir uns wieder vergegenwärtigen, dass Gott allgegenwärtig ist, so ähnlich wie Luft: Wir vergessen die Luft, wir vergessen Gott. Wenn wir uns wieder an beide erinnern, sind sie überall, ganz normal und wundersam.

»Nimm dir eine Zeit der Stille« ist eine weitere Redewendung, die uns zum spirituellen Entspanntsein auffordert. Wir müssen hier nur insofern »aktiv« werden, als wir uns die Zeit »nehmen« müssen. Die Stille macht den Rest.

Es gehört zu den Talenten großer spiritueller Lehrer und Lehrerinnen, die Dinge einfach zu machen. Es gehört zu den Talenten ihrer Anhänger und Anhängerinnen, die Dinge wieder kompliziert zu machen. Oft müssen wir die angelagerten Komplikationsschichten von der Botschaft eines Meisters wieder abkratzen, um sie in ihrem Kern vernehmen zu können. Christus riet uns, »zu werden wie die Kinder«. Kinder spielen, und Kinder ruhen sich aus – zwei Dinge, die unserem gegenwärtigen Denken über Spiritualität in der Regel fremd sind. Und doch wurzeln die meisten vom süßen Erfolg gekrönten spirituellen Leben in genau diesen Prinzipien.

Experiment

Wir leben in einer geschäftigen und getriebenen Welt. Spiritualität kann darin leicht zu einem weiteren »Tagesordnungspunkt« degradiert werden. »Spirituell sein« wird schnell zu einem »Merkmal«, das in die Liste unserer persönlichen Kennzeichen aufgenommen wird. Wir strengen uns so sehr an, dass es anstrengt.

Erweitern Sie in dieser Woche Ihre Vorstellung von Spiritualität und geben Sie ihr mehr Atemraum. Hören Sie sich statt eines Albums mit religiösen Sprechgesängen ein großartiges Musical an. Sehen Sie sich eine Komödie statt eines politisch korrekten Kunstfilms an. Lesen Sie einen spannenden Krimi statt eines Selbsthilfebuchs wie dies hier. Gehen Sie, statt eine Stunde früher aufzustehen, eine Stunde früher zu Bett. Anstatt mehr Dinge in Angriff zu nehmen, beschränken Sie sich auf weniger Aufgaben. Lassen Sie Gott an Ihnen arbeiten, statt dass Sie an Gott arbeiten. Sie werden merken, dass es keine offiziell verordnete Praxisübung gibt, außer dass Sie bewusst etwas auswählen und die Ergebnisse aufnehmen.

Überaus spirituelle Leute

Mag sein, dass es an mir liegt, aber überaus spirituelle Leute machen mich nervös. Sie wissen schon, welche Art von Zeitgenossen ich meine. Sie reden mit leiser, lieber, weicher, sanfter, monotoner Stimme, bis man sie in den Po kneifen oder kitzeln oder ihnen mit dem Baseballschläger eins überbraten möchte ... Ganz gleich, wie freundlich und gelassen sie scheinbar sind – und sobald sie eine Minute Zeit haben, sagen sie einem gewöhnlich, dass sie es sind –, habe ich doch nach wie vor das Empfinden, dass sie etwas ausdünsten, was sich sehr nach Wut und Beherrschung anfühlt.

Sie wissen, wie das abläuft. Sie sagen ihnen, dass Sie sich über irgendetwas aufregen, und sie verhalten sich so, als sollten Sie doch wohl fähig sein, über der Sache zu stehen und sie zu transzendieren. Sie geben sich ungemein traurig, als seien Sie wirklich sehr kleinkariert oder eine gewaltige spirituelle Enttäuschung für sie. Ihr Gesicht nimmt diesen traurigen, weisen, allwissenden Ausdruck an, als hätte sie Ihr mangelndes Niveau ein wenig verletzt. Als hätten sie etwas Besseres von Ihnen erwartet ... zum Beispiel so etwas, wie sie selber sind.

Man erkennt diese offiziell spirituellen Typen sofort, wenn man auf sie trifft, denn egal, was, sie lachen nie. Bestenfalls lächeln sie etwas dünn. Für sie ist Gott nichts zum Lachen – obwohl sie, wenn Sie mich fragen, selbst eine Menge ganz schön komisches Zeug veranstalten.

Überaus spirituelle Leute schließen manchmal die Augen, wenn man mit ihnen spricht, und verfallen in ein gewissermaßen weises Nicken, als wären sie auf Heroin. Das machen sie besonders häufig, wenn sie offiziell spirituell unterwegs sind. Sagen wir, Sie besuchen einen spirituellen Vortrag oder ein Konzert, und plötzlich, wupps, klappen sie die Augen zu und wiegen sich auf diese etwas peinliche Art sachte vor und zurück. Vielleicht bin ich bloß prüde. Aber dieses Wiegen und Aufstöhnen erinnert mich ein wenig an Meg Ryans Vorstellung im Restaurant im Film »Harry und Sally«. Überaus spirituelle Leute nehmen ihr Überaus-spirituell-Sein überaus ernst.

Vielleicht ist es ganz schrecklich, so etwas zu sagen, aber ich denke wirklich, dass überaus spirituelle Leute ganz schön gemein, herrschsüchtig und passiv-aggressiv sind. (Natürlich bedeutet für sie allein schon die Tatsache, so etwas zu denken, dass ich nicht spirituell bin.) Es ist irgendetwas an ihrem Verhalten, als wären sie gleichsam Gottes Vollstrecker. Die Art, wie sie anscheinend wollen, dass man auf Zehenspitzen geht, nicht aus der Reihe tanzt und sich benimmt. Diese ruhige, leise Stimme kommt mir immer ziemlich unecht vor und hört sich einfach, nun ja, heftig erzürnt an. Manchmal geben sie so eine Art spirituelles Zischen von sich.

»Das kannst du hier nicht machen ...«, um dann ganz Zuckerguss zu werden, »nicht wahr?«

Überaus spirituelle Leute ängstigen mich zu Tode. Und sie machen Gott und die Spiritualität gerne zu etwas überaus Angsteinflößendem. Wenn du es falsch machst, dann *pass auf*! Sie benehmen sich, als hätten sie ein Patent darauf. Sie wissen, wie es geht. Es ist so eine Art spiritueller Club. Ohne das geheime Handzeichen kommst du nicht hinein. Sie haben Gottes private Telefonnummer, während du dich an die Vermittlung wenden musst. Überaus spirituelle Leute hassen es, wenn du meinst, dass du so einfach von dir aus mit Gott reden kannst.

Erkundung

Die Fragen mögen explosiv sein. Beschreiben Sie detailliert, warum.

1. Kennen Sie irgendwelche Leute, die offiziell »überaus spirituell« sind?
2. Sind Sie selber offiziell »überaus spirituell«? Wie kommt's?
3. Betrachten Sie dieses »Überaus-spirituell-Sein« als Form von Snobismus?
4. Wer von den Ihnen bekannten Personen ist *echt* spirituell?
5. Was haben Sie unternommen, um Ihren echten spirituellen Werten Ausdruck zu verleihen?

Spirituelle Zellulitis

Warum kann ich nicht aussehen wie Pamela Anderson *und* schreiben?, habe ich mich oft gefragt, wenn ich in einem Raum mit lauter durchgestylten Blondinen stand, die so perfekt aussahen, als seien sie aus Plastik. Es ist leicht, sich neben solch makellosen Puppen vorzukommen, als sei der eigene Körper ein Werbemedium für die Zellulitis.

In spiritueller Hinsicht verhält es sich bei mir ähnlich: Ich hatte nie das Gefühl, spirituell sehr versiert und fit zu sein. Mit dem »spirituellen Bauchmuskeltraining« hatte ich immer so meine Probleme und kam daher zum Schluss, dass ich mit meiner spirituellen Zellulitis eben leben muss und mich nicht darum bemühen sollte, Gottes Pin-up-Girl des Monats zu werden.

Ich hasse es zum Beispiel, ins Fitnessstudio zu gehen, um meinen physischen Körper in Form zu halten. Stattdessen unternehme ich lange Spaziergänge und Radtouren. Das ist dann eine gute Zeit für ein spirituelles Einchecken, und von irgendwoher scheine ich eine Menge guten Rat zu bekommen, wenn ich mich im Freien aufhalte und bewege. Andererseits hatte ich stets das Gefühl, es sei spirituell akzeptabler, wenn ich den Rat bekäme, während ich drinnen sitze und mich nicht bewege. Doch die Sitzmeditation lag mir nie besonders, es sei denn, Sie rechnen meine täglichen Morgenseiten-Sitzungen dazu. Drei mit der Hand geschriebene Seiten, auf denen ich meine spirituellen »Marschbefehle« für den Tag zu erhalten scheine. Ich habe festgestellt, dass sie für mich eine effektive Form von Meditation darstellen, aber sicher fällt es unter die Rubrik Mogelei, wenn ich meine Gedanken niederschreibe, statt sie einfach wie Wolken vorüberziehen zu lassen.

Manche Leute haben schon Sätze zu mir gesagt wie: »Julia, ich bin sehr spirituell.« Das empfand ich als ein bisschen einschüchternd, so ähnlich, wie wenn sich eine neben mir aufbaut und fragt: »Habe ich nicht phantastische Beine?«, während ich gerade einen Badeanzug anprobiere und das Gegenteil von meinen Beinen denke. Nun mag das vielleicht meinerseits falsche Bescheidenheit sein, es könnte sich aber auch nur um ganz einfache Bescheidenheit handeln. Und was bedeutet »sehr spirituell«? Die *wirklich* sehr spirituellen Leute, die ich kenne, reden nicht viel darüber. Sie scheinen gesellig, fröhlich, freundlich und an anderen Menschen interessiert zu sein, und später – sehr viel später – findest du dann heraus, dass sie früh aufstehen und beten oder einen kleinen Stapel spirituelle Lektüre auf dem Nachttisch oder sogar im Handschuhfach ihres Autos haben. Sie erwähnen mir gegenüber nicht, dass sie »sehr spirituell« sind, und halten sich wahrscheinlich auch selbst nicht dafür.

Wenn ich von spiritueller Zellulitis rede, meine ich damit, dass wir nicht dasitzen und uns so eingehend inspizieren sollten wie Miss Tennessee, kurz bevor sie im Badeanzug zum Schönheitswettbewerb auf die Bühne trippelt. Nein. Ich meine, dass vielleicht ein paar spirituelle Hubbelchen und kleine Dellen normal sind und wir trotzdem alle zum Schwimmen gehen sollten.

Wenn ich Leute über ihre spirituelle Praxis reden höre, denke ich zuweilen, dass so etwas wie »Üben« bei ihnen gar nicht mehr vorkommt. Es schüchtert mich ein, dass sie scheinbar alles so perfekt machen. Und auch noch so vieles. Und so oft. Allmählich klingt es so, als machten sie die »richtigen« Crunches, um es zu einem Waschbrettbauch zu bringen. Sie reden von ihrem Sponsor oder spirituellen Berater oder Guru, als kämen sie eben von Radu in Manhattan, wo all die Celebrities ihr Fitnesstraining absolvieren. Sie strahlen diese spirituelle Überlegenheit aus, so als ob es deine guten alten Sit-ups nun wirklich überhaupt nicht brächten. Diese Supermodel-Spiritualität erweckt unter Umständen ein so mieses Gefühl in mir, als würde ich meinen anständigen und teuren Markenbadeanzug anprobieren, während die anderen im Stringtanga neben mir stehen. Und ich meine, manche Leute tragen das Sweatshirt ihrer spirituellen Überzeugung so, als sei sie ein T-Shirt von Radu.

Für mich hat dieses spirituelle Konkurrieren etwas Unlogisches. Narzissmus und Egotrip im Namen spirituellen Wachstums sehen dem Narzissmus und Egotrip im Namen von irgendetwas anderem verdammt ähnlich – man ist ein bisschen sehr mit sich selbst beschäftigt und wirkt ermüdend. Und dann hat das Gerangel um diese spirituelle »Mein-Weg-ist-der-richtige«-Überlegenheit auch etwas Humorloses. Es erinnert mich an das Bemühen, sich an der Kletterwand hervorzutun oder sich an der neuen Apparatur zu versuchen, um nicht zugeben zu müssen, dass man immer noch die alten Liegestützen macht.

Wenn mir Leute erzählen, wie spirituell versiert sie sind, wie viele Retreats sie schon hinter sich haben und wie lange sie am Stück meditieren können, habe ich zuweilen das Gefühl, dass wir einen Wettbewerb veranstalten, wer am längsten unter Wasser schwimmen kann. Die Anzahl der Schwimmzüge zählt anscheinend mehr als das Schwimmen selbst, so wie einem auch durch den angestrengten Blick das hübsche Gefunkel im Pool entgehen kann. Und wie sollst du, wenn du dich nie auf den Rücken drehen und mal eine Minute lang treiben lassen kannst, merken, wie seidenweich das Wasser ist, wie der Himmel einer azurblauen Schale gleicht und dir irgendwie wohl ums Herz ist?

Mir scheint, dass wir manchmal so sehr mit dem Absolvieren unseres spirituellen Aerobics beschäftigt sind, dass wir das Licht in den Bäumen nicht wahrnehmen und die Sonne auf unserer Haut nicht spüren, weil wir »powerwalken«, statt uns je zu einem Spaziergang aufzumachen. Wann, wenn wir immer nur versuchen, uns zu steigern und noch besser zu werden, bleibt da ein Moment für ein »Gut genug« oder auch nur ein »Für den Augenblick ist es okay«? Ein paar Gramm oder auch Pfund zu viel, mag sein, aber was soll's?

Übung

Viele von uns haben in spiritueller Hinsicht zu wenig Selbstwertgefühl. Wir kultivieren das Gefühl, unwürdig zu sein, und verbauen uns damit den Weg zum Kontakt mit einer größeren Spiritualität.
Beantworten Sie die folgenden fünf Fragen schriftlich und wählen Sie dann eine der anschließend vorgeschlagenen Aktivitäten – oder eine, die Ihnen selbst in den Sinn kommt.

1. Fallen Sie über sich selber her, weil Sie sich für nicht spirituell genug halten?
2. Glauben Sie, dass es andere Leute in Hinblick auf ihre Spiritualität besser »machen«?
3. Haben Sie das Gefühl, Ihr Beten sei eine erbärmliche Angelegenheit?
4. Kommt Ihnen Ihre Meditationspraxis armselig vor?
5. Kam Ihnen je der Gedanke, aus Ihrer spirituellen Praxis etwas zu machen, an dem Sie Spaß haben?

Sie könnten:

1. beten und tanzen,
2. beten und spazieren gehen,
3. beten und Fahrrad fahren.

Sie könnten:

1. beten und singen,
2. beten und malen,
3. beten und ein schönes heißes Bad nehmen.

Spirituelle Experten: Wie viele Engel können auf einer Nadelspitze tanzen?

Zu den Dingen, die überaus spirituelle Leute manchmal gerne tun, gehört Trivial Pursuit zum Thema Gott spielen. Sie führen die alte theologische Debatte darüber fort, wie viele Engel auf einer Nadelspitze tanzen können, geben sich als »Gott-Experten« aus und kennen all die kleinen Fakten über ihn, die dich zu Fall bringen könnten, falls du hingehen und Gott einfach über den Gartenzaun hinweg mit »Hi!« begrüßen wolltest.

In ihrer Welt tritt Gott nicht an den Gartenzaun. In ihrer Welt lebt Gott in der Mitte eines Labyrinths, und du kannst nur zu ihm vordringen, wenn du all die geheimen Handzeichen und Korridore und Losungsworte kennst.

Ich nenne diese Leute »spirituelle Experten«, und man erkennt sie gleich, wenn man ihnen begegnet. Sagen wir, Sie erzählen so jemandem, dass Sie die Existenz von Engeln für möglich halten. Und dass Sie vielleicht – hoppla ...! Also, diese Leute wissen alles über Engel, und das ganz genau, als hätten sie neun oder zehn Jahre in Engelseminaren gesessen, wo ihnen alle Arten von Engeln und ihre jeweiligen Jobs ganz akkurat erläutert worden seien. Wenn Sie sagen: »Vielleicht hat mir ein Engel geholfen«, entgegnen sie wahrscheinlich: »Sehr wahrscheinlich war es ein M-7, der Ihnen geholfen hat« – was immer ein M-7 ist. Oder sie sagen: »Nein, auf Ihrer Ebene arbeiten M-7er nie.« Mit anderen Worten, die Theorie, wie das angeblich alles funktioniert, ist sehr viel wichtiger als das, was Sie persönlich erlebt haben. Diese Leute ähneln ein wenig den Vogelbeobachtern. Sie erzählen ihnen: »Da war dieser hübsche, kleine gelbe Vogel, vielleicht ein Fink oder ein Kanarienvogel oder irgend so etwas, und er ließ sich auf dem Fensterbrett nieder, während ich am Schreiben war ...« Und dann

passen Sie auf, denn Sie haben auf die »Play«-Taste gedrückt: »Es kann kein Fink oder Kanarienvogel gewesen sein. Es war vielleicht ein gelbbäuchiger ›Spirit obscurus‹.«
»Ach, Sie meinen ein kleiner Engel?«
Dann rümpfen sie die Nase, als würden nur Prollis dieses Wort benutzen.
Es wird Ihnen ziemlich schnell auffallen, dass der Club der spirituellen Experten sich kaum von anderen erlesenen Clubs unterscheidet. Zunächst einmal ist es schwer, aufgenommen zu werden, und wenn Sie drin sind, scheint das Hauptvergnügen der Mitglieder darin zu bestehen, alle anderen draußen zu halten. Sagen wir, Sie sind der Ansicht, dass Soundso interessant ist. »Nein, nein, nein, kein wirklicher Experte!«
Nun sind die meisten Leute im Club der spirituellen Experten Jungs. Ich meine Männer. Es sind zwar auch ein paar Mädels drin, aber die reden gewöhnlich wie die Männer oder riskieren, rausgeworfen zu werden. Es sei denn, sie sind alt und heilig und erinnern die Männer an Großmutter, so wie Mutter Teresa. Oder sie sind vielleicht so eine Art spiritueller steiler Zahn wie Marianne Williamson. Doch die meisten, die reinkommen, tragen einen Exnonnen-Haarschnitt, geben sich überaus ernsthaft und sind ein bisschen gemein.
Ich entsinne mich, einmal so eine getroffen zu haben. Sie trug ihr Exnonnen-Outfit – einen kastenförmigen Zweiteiler und kurz geschnittene Haare –, und ich sah in etwa so aus wie Rita Hayworth in dem Film »Gilda« (auch wenn ich es selbst von mir sage ...). Nun, wir sollten beide einen Vortrag über Spiritualität halten, und sie musterte mich von oben bis unten und zischte – ich meine wirklich *zischte* –: »Warum können Sie sich nicht so anziehen wie alle anderen auch?«
»Weil ich es nicht möchte«, ließ ich sie wissen. Das schien ihr nicht zu gefallen und sie noch saurer und bösartiger zu machen

als sonst. Sie setzte dem Publikum zu und beschimpfte ihre Zuhörer, genau wie Schwester Oberekel es damals tat, als ich noch klein war. Wenn man sie so hörte, verpatzen alle ihre Lektionen ganz gehörig. Und sie *wusste* es ...

Sie stieß ins gleiche Horn wie Schwester Oberekel, eine Variante, bei der immer eine Menge Sarkasmus und Grausamkeit »zu unserem Besten« abgelassen wird. Dabei geht es stets um die Lektionen und dass wir immer alles falsch machen. Und bei dieser Variante hat Gott uns nicht besonders gerne. Er meint, wir wollten nur die gesellschaftliche Leiter hochklettern und bis zu ihm gelangen, aber er durchschaut uns, und Schwester Oberekel tut das auch.

Eine andere Variante solcher Ernsthaftigkeit ist die, die ich als »mysteriös ernsthaft« bezeichne. Sie wissen sicher schon, wer sie praktiziert (oder sie zumindest am besten ausübt).

Die Leute im Club der spirituellen Experten werden auch gern sehr ernst. Sie werden schneller ernst, als man merkt. Probieren Sie nur einfach mal, ein bisschen Spaß haben zu wollen! Passen Sie auf. Die Herrschaften ziehen sofort ein paar entsprechende Sprüche aus dem Ärmel. Ich habe einige ganz schön abgefahrene erlebt. »Natürlich bist du frivol! Künstler befinden sich spirituell gesehen nur auf Ebene fünf.« Meine Theorie ist die, dass manche von ihnen keine eigenen Bücher schreiben und deshalb im Umfeld von Leuten, die welche schreiben, relativ rasch auf die Barrikaden gehen.

Übung

Den »Experten« zu spielen ist oft eine Methode, die Menschen benutzen, um mit einer schwierigen Gefühlslage fertig zu werden. Es ist ebenso eine Technik, ein Ungleichgewicht zu erzeugen, damit man sich selbst als überlegen fühlen kann. Die meisten von uns tun das von Zeit zu Zeit, bei manchen ist dieses Verhalten allerdings chronisch.

Schreiben Sie die Antworten zu folgenden Fragen auf, und teilen Sie Ihre Erkenntnisse mit einem Freund, der über eine gesunde Portion Humor verfügt.

1. Spielen Sie spiritueller Experte? In Bezug auf was? Mit wem? Wie oft?
2. Werden Sie wütend, wenn jemand anders spiritueller Experte spielt? Verärgert? Sind Sie befremdet?
3. Setzen Sie das Spirituelle-Experten-Spiel als Verteidigungsmechanismus ein, um sich vor Nähe und Vertraulichkeit zu schützen?
4. Merken Sie es, wenn die Spirituelle-Experten-Masche eingesetzt wird, um Distanz herzustellen?
5. Kennen Sie irgendwelche spirituellen Lehrerinnen und Lehrer, die nicht Experte spielen?

Übung

Der Kontakt mit Gott ist eine persönliche Angelegenheit. Das Leben in einer Religionsgemeinschaft kann sich allerdings in derselben Hackordnung vollziehen wie in jeder anderen sozialen Gemeinschaft auch; Sie werden beides entdecken. Kameradschaft und Snobismus.

Schreiben Sie die Antworten zu folgenden Fragen auf, und betrachten Sie sie gemeinsam mit einem mitfühlenden Freund ...

1. Merken Sie es, wenn Sie spirituell ausgeschlossen werden?
2. Schließen Sie selber andere aus?

3. Bemühen Sie sich darum, andere in Ihre Spiritualität einzubeziehen?
4. Sind Sie imstande, sich in die Spiritualität anderer einzufühlen?
5. Welche spirituelle Tradition außer Ihrer eigenen schätzen Sie?

Vertrauen

Mag sein, dass ich zu viele Las-Vegas-Entertainer gesehen habe, die die Stimmung in einer Menge aufpeitschten, um nicht zu glauben, dass die spirituelle Show etwas anderes ist als das übliche Über-den-Tisch-Ziehen in vergleichbaren kommerziellen Shows. Haben Sie ein wenig Vertrauen ...

Ich denke, der Begriff »Vertrauen« wird von vielen überstrapaziert. Zumindest wird in den USA zu viel Reklame für ihn gemacht. Wir brauchen mehr Vertrauen, sagt man uns, so als würde alles wirklich ganz wundervoll werden, wenn wir einen Ballen dieses seltenen Seidenstoffs auftreiben. »Hab einfach mehr Vertrauen«, rät man uns häufig. Mir ist keine für mich vertrauenswürdige Person bekannt, die glaubt, sie habe genug Vertrauen. Es ist das spirituelle Äquivalent zum Dünnsein. Wir meinen alle, wir sollten ein bisschen schlanker sein.

Nun ja, ich kenne ein paar Leute – und habe auch noch von einigen mehr gehört –, die sich auf die große Menge Vertrauen, die sie haben, ein bisschen was einbilden. Manchmal geben sie damit fast an. »Ich bin sehr spirituell«, behaupten sie gelegentlich. Ich warte darauf, dass sie mal an der Reihe sind und hart rangenommen werden. In rauen Zeiten scheint auch ihr Vertrauen auf den Tiefststand zu sinken. Mit dem Vertrauen ist es ein wenig so wie mit der Schokolade. Ein bisschen davon ist großartig, aber es ist nie genug da, und früher oder später geht sie gefährlich zur Neige.

»Du hast so viel Vertrauen«, wird mir manchmal gesagt. Gewöhnlich von jemandem, der meine kreativen Unternehmungen – zum Beispiel die Aufführung eines Musicals oder die Veröffentlichung eines Krimis – eigentlich für bekloppt und irgendwie unheimlich hält.

»Genug Vertrauen?«, denke ich dann. »Bist du verrückt? Kuck auf den Benzinstand. Die Nadel zeigt fast auf null! Ich mach die Dinge einfach trotzdem!«

»Ich mach die Dinge einfach trotzdem«, das ist eine gute Definition eines funktionierenden Vertrauens. So wie im Fall von »Ich habe Todesangst davor, mich auf diese Ehe einzulassen ... auf den neuen Job ... einen neuen kleinen Hund großzuziehen ... nach L. A. umzuziehen – aber ich mach es trotzdem«.

Heißt das, ein solches Vertrauen bedeutet, dass man mit verbundenen Augen in den Abgrund marschiert? Im Tarot, ja. Das ist genau das, was sich auf der Karte des Narren abspielt. Der Narr ist wahrscheinlich Gottes Lieblingskarte. Die meisten großen Heiligen waren ungeheure Narren – die heilige Johanna, Mutter Teresa, der amerikanische Gewerkschaftsführer Cesar Chavez und Martin Luther King, um nur einige zu nennen.

Sie alle haben auf ihre leise innere Stimme gehört, die sie immer weiter anstachelte, und führten so gewaltige Missionen durch. Die Leute hielten sie für verrückt, und vielleicht waren sie es auch. Jedenfalls gingen sie enorme und verrückt anmutende Risiken ein. Aber gab es wirklich ein Risiko? Vielleicht fühlten sie sich sehr viel sicherer als wir anderen, weil sie alles auf eine Karte setzten und nicht über dem Abgrund der Rationalität baumelnd wie wild mit der einen Hand nach dem Zweifel und mit der anderen nach dem Glauben grapschten.

Heilige engagieren sich. Sie scheinen die Nike-Werbung zu praktizieren: »Just do it.« Tu's einfach. So kriegen sie die Dinge gebacken. Unnötig zu sagen (hoffe ich), dass wir keine Heiligen sind und unser Engagement keinen Sprung von der Klippe erfordert. Dabei haben die Klippen bei uns in den meisten Fällen bloß die Höhe eines Couchtischs.

Übung

Viele von uns haben Schwierigkeiten zu glauben, dass der göttliche Geist in unserem Leben wirksam wird, weil wir nur schwer glauben können, dass wir seiner Hilfe würdig sind. Oft hegen wir heimliche, unterbewusste Überzeugungen in Bezug auf das, was uns verdientermaßen zusteht. Auf bewusster Ebene wissen wir es besser. Doch auf unbewusster Ebene haben wir ein niedriges spirituelles Selbstwertgefühl. Hier folgt nun eine Übung in drei Teilen.

Schritt eins

Vervollständigen Sie, sehr rasch schreibend, den Satz: »Der Grund, aus dem ich keine spirituelle Hilfe verdiene, ist ...«
Vervollständigen Sie diesen Satz nun zehnmal, und schreiben Sie dabei so rasch, wie Sie irgend können. Was dabei herauskommt, könnte Sie überraschen und bestürzen.
»Ich bin geschieden«, könnte Ihr Unbewusstes herausplatzen.
»Ich bin aus der katholischen Kirche ausgetreten.«
»Ich hatte eine Abtreibung.«
»Ich habe mein Kind geohrfeigt.«
Schreiben Sie nun eine positive Affirmation, die Ihrer negativen Überzeugung widerspricht.
»Ich bin geschieden, aber Gottes Liebe würdig.«
»Ich bin ein spirituelles Wesen, auch wenn ich aus der katholischen Kirche ausgetreten bin.«
»Gott liebt mich und akzeptiert mich und meine Entscheidungen.«
»Ich bin ein(e) kluge(r) und mitfühlende(r) Mutter/Vater.«

Schritt zwei

Schreiben Sie einen Brief an Gott, das Universum, Ihr höheres Selbst oder die höheren Mächte und Kräfte, und schildern Sie die

Bereiche, in denen Sie sich schlecht fühlen. Bitten Sie um die Gnade, sich selbst verzeihen und Vergebung akzeptieren zu können sowie Heilung und Unterstützung zu erfahren. Begeben Sie sich an einen schönen Ort in der Natur. Lesen Sie den Brief laut vor. Verbrennen Sie ihn dann.

Schritt drei
Wenn Angst »ein falsches Anzeichen ist, das real erscheint«, ist mangelndes Vertrauen oft ein reales Anzeichen, das falsch erscheint. Um die Erfahrung von Vertrauen zu machen, müssen wir dem Bewusstsein Hinweise auf schwierige Situationen vor Augen führen, die erfolgreich gelöst wurden.
Das ist eine Liste von »Ahas«. Sie sagt uns: »Ich habe Hilfe, Unterstützung, innere Führung erfahren und erlebt, dass etwas erfolgreich gelöst wurde.« Greifen Sie zum Stift, und führen Sie zehn Situationen auf, in denen Ihnen Hilfe, Unterstützung, innere Führung und die Lösung eines Problems zuteil wurden.

Drangsalierer

Ich kann mich noch gut daran erinnern, wie ich einmal in Hollywood an einem Dinner teilnahm, bei dem ein Schauspieler von einem Dreh erzählte: Sie wären beinah gestorben, als sie einen Kampf am Strand filmten. Der Regisseur hat Schauspieler und Crew nämlich dazu gedrängt, eine Szene nach der anderen zu spielen, während die Flut langsam stieg. Dieses Drängen geschah »im Namen der Kunst«, dennoch bleibt es Schikane, hier fast mit fatalen Folgen. Drangsalierer im Namen der Spiritualität bleiben ebenfalls trotzdem Drangsalierer. Das soll man aber nicht wissen, und so werden sie ihr Bestes tun, um Sie daran zu hindern, dass Sie sie durchschauen. Spirituelle Schikaneure haben eine Menge Tricks auf Lager, um Sie im Dunkeln tappen zu lassen. Hier sind ein paar davon:

1. Der Das-ist-sehr-mysteriös-Trick

Diesen Trick erkennen Sie daran, dass jemand von oben herab auf Sie einredet und sich dabei so kompliziert ausdrückt, dass Sie nur schwer folgen können. Etwa so, als hätte er sich gerade einen dicken Joint mit feinstem marokkanischen Haschisch reingezogen. Dem Schwätzer, der diesen Trick anwendet, liegt nicht wirklich an einer Verständigung mit Ihnen. Er ist nur am Reden interessiert. Sie sind für ihn Nebensache. Er möchte gern, dass Sie sich glücklich schätzen, ihm überhaupt zuhören zu dürfen. Und wenn Ihnen von seinen kaum verständlichen Theorien der Kopf schwindelt, sollten Sie das als Zeichen werten, dass er tiefgründig ist und Sie hohlköpfig sind und es einfach nicht raffen. Er möchte nicht, dass Sie aufstehen und rufen: »Also, Bebop, das läuft ja wohl im Grunde alles auf ›Gesunder Körper, gesunder Geist‹ oder umgekehrt hinaus?« Bebop wünscht nicht, dass Sie die Dinge vereinfachen. Deshalb hört er sich rätselhaft und, man könnte sogar auch denken, gespielt bzw. künstlich an.

2. Der Das-ist-ernst-Trick

Ein Lehrer, der diesen Trick anwendet, wird sich aufführen, als befände er sich spirituell gesehen auf einem Niveau, das vielleicht gerade noch Buddha mit ihm teilt. Auch seine Theorien sind kompliziert, aber nicht auf die haschischvernebelte, sondern eher auf die labyrinthische, spitzfindige Art. Clever. Er möchte Sie sagen hören: »Ist das nicht erstaaauunlich!« Er wird über »Landkarten des Bewusstseins« reden, als sei Gott ein Kontinent, den nur er erforschen kann, Terra incognita für den Rest der Menschheit. Er möchte Sie wissen lassen, dass Sie hier Mr. Genius vor sich haben. Seine Theorien handeln alle vom Intelligentsein, also geht es in ihnen eigentlich nur um Ihren und um seinen Kopf. Letzterer könnte sogar ein bisschen wie eine spirituelle Glühbirne aussehen. So helle ist er.

3. Der Das-macht-mich-wütend-Trick

Ein Trick, der im Allgemeinen von Lehrern mit dem Charakter Schwester Oberekels angewandt wird. Sie setzen Verachtung und Sarkasmus ein, damit Sie sich spirituell gesehen wie ein Knirps vorkommen. Sie versuchen, Sie dazu zu bringen, sich Ihres niedrigen spirituellen Standes zu schämen, so als gehörten sie dem geistigen Hochadel an und Sie nur dem ungebildeten gemeinen Volk. Sie machen sich über ihre Zuhörer lustig. Sie ergehen sich in Redewendungen wie »Vielleicht glauben Sie Soundso *ja gar*« oder »Wenn ich Ihr spiritueller Ratgeber wäre, dann würde ich sagen ...«. Passen Sie bloß auf!

4. Der Luftgeister-Trick

Dieser Trick wird angewendet, wenn ein Lehrer sehr viel in die Luft starrt, so als würden sich dort höhere Wesen aufhalten, die

Sie aber nicht sehen können. Hier wird das Spiel gespielt, dass man Ihnen etwas über die höheren Sphären erzählt, weil Sie nicht mit dem Aufzug dorthin gelangen konnten. Wenn Sie diesen Rednern eine Frage stellen, machen sie ein trauriges Gesicht, weil Sie offensichtlich noch nicht genug entwickelt sind, um ihre Antwort verstehen zu können.

5. Der Hütchenspiel-Trick
Dieser Trick kommt zum Einsatz, wenn der Lehrer eine neue Technologie verkaufen möchte und mit Ihnen bei null anfängt, damit Sie möglichst viel von allem profitieren. Fragen wie »Was kann denn dieses Zeug nun wirklich?« werden als belanglos abgetan. Dann bekommen Sie 500 Seiten Kleingedrucktes in die Hand, in denen erläutert wird, dass das Ding einst an drei Leuten getestet wurde.

6. Der Lass-mich-dir-diese-Brücke-verkaufen-Trick
Dieser Trick wird angewandt, wenn der Lehrer etwas Aufmunterndes sagt und dann auf Ihre Reaktion wartet, so als wollte er die Leute auf einer Kundgebung mobilisieren. »Lieben wir Gott? Wollen wir ein höheres Bewusstsein?«, ruft der Redner ins Publikum. Man fragt sich geradezu, ob Gott ein Opel oder VW ist, der auf diese Weise verkauft werden soll.

Übung

Eine der umstrittensten Geschichten im Neuen Testament ist die Episode, bei der Christus die Geldwechsler aus dem Tempel jagt. Mein Gott! Der Herr hat die Fassung verloren! Ja, hat er, und zwar deshalb, weil die Leute im Namen der Spiritualität drangsaliert und erpresst wurden. Es ist leider eine unselige Tatsache, dass charismatische spirituelle Führer auch Tyrannen werden können. Ein Tyrann verlangt von Ihnen, dass Sie Ihre spirituelle Autonomie aufgeben und tun, was man Ihnen sagt. Werden wir in irgendeinem Bereich unseres Lebens tyrannisiert, dann wird unsere spirituelle Würde ignoriert. Dass wir einen Tyrannen als Tyrannen bezeichnen, ist der erste Schritt zur Wiederherstellung unserer ausgewogenen Autonomie. Dass wir etwas Unabhängiges in Richtung des Bereichs unternehmen, aus dem man uns vertrieben hat, ist der zweite Schritt.

Greifen Sie zum Stift und zeichnen Sie drei Spalten. Führen Sie in der ersten Spalte alle die auf, von denen Sie in irgendeiner Form – in finanzieller, schöpferischer, sexueller Hinsicht – tyrannisiert wurden. Benennen Sie in der zweiten Spalte den Bereich, aus dem man Sie vertrieben hat. Ein Lehrer, der Ihnen zum Beispiel sagt, dass Sie sich und Ihren Wahrnehmungen nicht trauen können, vertreibt Sie aus dem Bereich Ihrer einzigartigen und ganz persönlichen Intuition und verhindert, dass Sie der leisen inneren Stimme folgen. Als Gegenmittel könnten Sie versuchen, einen kleinen Schritt in die Richtung zu unternehmen, in die Ihre Intuition Sie drängte. Wenn Sie im medizinischen Bereich tyrannisiert wurden, hat man Ihnen vielleicht das Vertrauen auf Ihr eigenes Gespür für alles, was Ihre Gesundheit angeht, ausgetrieben. Sie könnten eine zweite Meinung einholen oder selbst Recherchen anstellen. Notieren Sie Ihre geplanten Gegenmaßnahmen in der dritten Spalte.

Wenn wir tyrannisiert wurden, und vor allem, wenn es im Namen der Spiritualität geschah, werden vielleicht auch wir zu Tyrannen und setzen damit diesen Teufelskreis fort.

Legen Sie noch einmal drei Spalten an. Führen Sie in der ersten Spalte alle die auf, die vielleicht von Ihnen tyrannisiert wurden. Beschreiben Sie in der zweiten Spalte, wie und wodurch Sie sich über ihre spirituelle Autonomie hinweggesetzt haben. Notieren Sie in der dritten Spalte eine liebevolle und festliche Aktion, die Sie zur Unterstützung dieser Personen unternehmen können.

Extremskifahrer

Beide, Komik und Horror, leben vom Element der Überraschung. Je extremer die Überraschung, umso komischer – oder erschreckender – ist das Ergebnis. Als ein Dramatiker des sprirituellen Zirkus begegnete ich einer Fülle von Extremen, die beides waren, komisch und schrecklich zugleich – grotesk. Ich erfuhr von spirituellen Praktiken wie etwa der ausschließlichen Ernährung mit Wasser und Bluegreen-Algen, was mir vorkam, als sähe ich einen Harold-Lloyd-Film, in dem dieser Komiker sich in atemberaubender Höhe an Wolkenkratzer-Simsen entlanghangelt. Andere waren ebenfalls riskant und komisch, etwa wenn ein spiritueller Sucher in Bruno-Magli-Schuhen und Armani-Anzug auf Visionssuche geht, allein in einem Canyon, wo es von Schlangen nur so wimmelt. Und dafür hat er dann noch einen Haufen Geld hingelegt. Es ist so, als schaut man dem Stuntman Evil Knievel zu, wie er mit einem raketenangetriebenen Motorrad über eine Reihe geparkter Limousinen fliegt. Früher oder später geht dabei irgendwas ganz mächtig zu Bruch.

Was einem an den überaus spirituellen Leuten auch Angst machen kann, ist die Tatsache, dass sie den Extremskifahrern so ähneln können; jener Sorte von Menschen, die auf Skiern von Felsen springt, die irrsinnigsten Stunts macht und dann damit angibt. Oder nehmen wir die mit dem Extremyoga. Diese Leute verknoten ihren Körper ganz ungeheuerlich und schlagen dann vor, es ihnen nachzumachen. (Und was ist mit meinem Rücken?, denken Sie vielleicht.) Oder die mit der Extremmeditation. Sie empfehlen, an die zwölf Stunden pro Tag zu meditieren, und wenn Sie das nicht möchten oder wenn Sie sich nicht irgendwohin zurückziehen und ganz still sein und stundenlang meditieren und Ihrem Geist wie einem Fernseher zuschauen wollen, nun

ja, dann sind Sie eben eine Enttäuschung; Sie meinen es einfach nicht ernst mit Gott.
Doch warum sollten wir es so furchtbar ernst mit Gott meinen? Hat Gott sich etwa gezeigt und die Peitsche geschwungen? Hat er je etwas gesagt wie: »He, du da, Annie in Ohio, ich sehe dich viel lachen, und ehrlich gesagt macht mich das ungemein sauer ...«?
Gott, der sowohl die Kätzchen und Marienkäfer als auch die Kobras und Tiger »erfunden« hat, verfügt vielleicht über eine ganz gute emotionale Klaviatur. Vielleicht hat man uns einfach nur beigebracht, Gott in den unheimlichen oder gewaltigen, majestätischen Molltonarten zu spielen; das kann ja sicher sehr schön und durchaus in Ordnung sein, doch bin ich der Ansicht, dass Gott ebenso in den kleinen, quirligen, flotten Trickfilmmusik-Tonarten zu Hause ist.
Aber kommen wir auf diese Extremtouren zurück. Ich bin mir nicht sicher, ob das eine so großartige Idee ist. Ich denke, sie könnten das Äquivalent zur Grapefruit-und-ein-Feigenblatt-Diät sein (das ist die, bei der Sie nur Grapefruit essen, bis Sie so verdammt dünn sind, dass Sie auch ohne Feigenblatt herumlaufen und sich immer noch klasse finden können). Ich vertrete die Theorie, dass Adam und Eva sich diese Feigenblätter griffen, weil sie Zellulitis hatten.
Also, diese Extremskifahrer der Spiritualität ziehen sich gerne daran hoch, dass Gott besser mit dir reden kann, wenn du dich in einen Ashram begibst und dir dort eine Unterernährung holst. Ich glaube auch, dass Gott dann mit dir redet, aber vielleicht nur, weil er bzw. sie sich Sorgen um dich macht. Ich glaube, wenn wir fasten, drücken wir bei Gott auf ihre »Jüdische-Mama-Taste« – und das zu Recht.
Auch denke ich, dass diese Tour mit dem vielen Fasten und stundenlangen Meditieren eigentlich nur eine ganz gängige Spiritualitätsnummer ist. Wir wollen Gott kennen lernen, aber

schneller. Also versuchen wir es mit ein bisschen Manipulation, damit Gott mit uns reden muss, und sei's auch nur, dass sie sagt: »Schätzchen, lass das bleiben!«

Ich weiß nicht, ob Sie sich je in einem Ashram oder New-Age-Zentrum für spirituelle Entwicklung aufgehalten haben, ich hab's getan. Diese wurden in guter Absicht und mit dem Quäntchen von spirituellem Überlegenheitsgefühl gegründet, das nötig ist, um die »Missionarsstellung« einnehmen zu können. Die dortige Küche ist häufig Nouvelle Torture – brauner Reis, mysteriöses Gemüse und Tofu Qualvoll mit Unmengen undefinierbarer Soßen. Die Leute, die dort richtig wohnen und das Zeug essen, kriegen manchmal so einen merkwürdigen Ausdruck in den Augen. Sie nennen es vielleicht »klar sein«, aber ich würde sie nicht mit meinem Baby die Straße überqueren lassen. Sie sind so spirituell, dass sie keine Erdung haben. Sie sind so verhuscht, dass es ihnen wirklich schwer fällt, die Bettwäsche zu wechseln und im Ökogarten Unkraut zu jäten. Sie starren viel in die Luft, als ob sie dort den Heiligen Geist erblickten. Aber so nennen sie ihn nicht. Bei ihnen heißt das »zu Erkenntnissen gelangen«. Sie haben Erkenntnisse und eine speziell patentierte Form von nichtsexueller Umarmung, die sie ständig einander zukommen lassen. Es macht einen ein bisschen verlegen, wenn man das mit ansieht. Es wirkt, als würden sie alle ihre Chakren miteinander vereinen und aneinander reiben. Nichtsexuell natürlich. Ich persönlich bin der Meinung, dass alles, was sie dazu bringt, zurückzukommen und wieder einmal ihren Körper aufzusuchen, eine gute Idee ist. Yoga kann das bewirken, tut es bei ihnen aber im Allgemeinen nicht. Es wird benutzt, um sich auszuklinken, nicht, um sich einzuklinken.

Ich weiß zufälligerweise, dass manche Leute, die an diesen Orten wohnen, heimlich Fleisch essen. Vielleicht deshalb, weil sie einmal zu viel nahe daran waren, in den Abgrund zu stürzen. Plötzlich geht ihnen ein Licht auf: »Jesus – hörst du zu? – Ich seh mal

besser zu, dass ich mich erde.« Und Erden bedeutet gewöhnlich Hackfleisch. »Ich brauch einen Hamburger, und das mit Lichtgeschwindigkeit.« Also machen sie sich auf irgendeiner Ashrammission heimlich davon und fahren eiligst zur zwanzig Kilometer entfernten Fressbude, wo sie sich einen solchen Klops, eine doppelte Portion Pommes und eine Malzschokolade reinziehen. Das ist intelligent. Eine Menge Leute, die in den Zentren unterrichten, machen das. Natürlich kann man auch versuchen, an dunkles Fleisch zu kommen, wenn man schon weiß, dass man es braucht, um geerdet zu bleiben. Das kann aber zu einer ziemlich komischen Nummer werden und einem das Gefühl vermitteln, man wolle sich Stoff besorgen. »Okay, ich habe dein (ächz) Fleisch, und wenn du dich um zwei Uhr nachts in die Küche schleichst und eine ganz besonders unheilige Pfanne benutzt, kannst du es essen, wenn du schon unbedingt musst ...«
Manche von uns müssen das. Viele indianische Lehrer weigern sich, zu unterrichten, wenn sie kein dunkles Fleisch bekommen. Sie wissen, machtvolle Energien setzen voraus, dass man geerdet ist. Natürlich wird dieser Glaube als primitiv angesehen. Ich will's primitiv.

Experiment

Mäßigung ist eine erlernte spirituelle Einstellung. Buddha selbst gab sich extremer Askese hin, bevor er dann eine etwas moderatere Herangehensweise empfahl. Für die meisten von uns klingt spirituelles Wachstum nach »Arbeit«. Wir betrachten unsere spirituellen Bemühungen mit sehr kritischem Auge und haben immer das Gefühl, dass wir »mehr« tun oder es »besser« machen sollten. Und diese selbstbestrafende Haltung dämpft oft unseren spirituellen Eifer. Beantworten Sie die folgenden Fragen:

1. Mit welcher spirituellen Praxis würden Sie es versuchen, wenn Sie sie nicht perfekt praktizieren müssten?
2. Welche Formen von spirituellem Extremismus praktizieren Sie?
3. Welche Formen spirituellen Wohlgefühls könnten Sie sich gestatten?
4. Assoziieren Sie Spirituellsein immer noch mit langmütigem Märtyrertum?
5. Wissen Sie den Unterschied zwischen sanfter Praxis und rigider Disziplin zu schätzen? Was könnten Sie entsprechend ändern? Probieren Sie es einfach einmal aus!

Übung

Eine spirituelle Praxis ist eine geweihte, regelmäßig und wiederholt unternommene Aktivität. Wir können sie nicht perfekt absolvieren. Wichtig an ihr ist, dass wir sie *machen*. In meinem eigenen spirituellen Leben verwende ich einige Lieblingspraktiken.

Meine vorrangige spirituelle Praxis ist mein alltägliches Schreiben der Morgenseiten. Sie sind seit fast zwei Jahrzehnten der Eckstein meines spirituellen Lebens. Sie erden mich, sie zentrieren mich, sie machen mich für die innere Führung empfänglich, sie setzen die Prioritäten für den Tag und stabilisieren meine Stimmung. Ich habe festgestellt, dass sie für mich, eine hyperaktive Westlerin, eine wundervolle Form von Meditation darstellen.

Meine zweite spirituelle Lieblingsaktivität ist der tägliche Spaziergang. Gehen ist eine kontemplative Aktivität. Sie beruhigt und befreit den Geist, lässt uns die Brücke zur Imagie-Nation überqueren, jenes Reich, in dem die höheren Kräfte in Klarheit zu uns sprechen können. »Solvitur ambulando«, erklärte der heilige Augustinus. Wir lösen es beim Gehen.

Meine dritte regelmäßige spirituelle Praxis ist Radfahren. Eine Praxis, die mich in meinen Körper versetzt, mich meine echten Gefühle wahrnehmen und einen Richtungssinn ausbilden lässt. Die Wahl der spirituellen Praxis ist eine persönliche Angelegenheit. Manche von uns psalmodieren gerne. Andere vernehmen die innere Stimme am besten in der Stille. In dieser Woche experimentieren Sie mit mehreren Formen einer spirituellen Praxis. Beantworten Sie folgende Fragen:

1. Welche Tageszeit ist bei Ihnen die beste für den »bewussten Kontakt«? (Bei mir ist es der frühe Morgen und kurz bevor ich zu Bett gehe.)
2. Welche Form von physischer spiritueller Praxis spricht Sie an?
3. Finden Sie Ton und Klang oder Stille für das Gefühl von spiritueller Verbindung förderlich?
4. Haben Sie irgendwelche persönliche tägliche Rituale eingeführt oder könnten Sie sie einführen?
5. Welche Praxis kommt Ihnen exotisch, aber ansprechend vor? Versuchen Sie es einmal damit.

Struktur

Vor sechs Monaten siedelte ich – nur für kurze Zeit, wie ich hoffte – nach Los Angeles über. Die Tage entrollen sich hier wie endlose blaue Seidenballen. Der Wechsel der Jahreszeiten nimmt sich so dezent aus wie ein Armanistreifen. Und ich merke, dass es mich nach Struktur verlangt. In Klöstern jeglicher Konfession ist die Zeit strikt eingeteilt. Man steht zu bestimmter Stunde auf und betet. Man arbeitet, betet erneut und isst zu einer festgesetzten Stunde. Darauf folgen noch einmal Arbeit, dann Beten, eine weitere Mahlzeit, noch eine Gebetsrunde, und schließlich geht man zu Bett. Das große Abenteuer eines spirituellen Lebens führt man innerhalb des soliden Gitterwerks einer Struktur.

Einst war das Beten bei fast jedermann regelmäßiger Bestandteil des Lebens. Da waren der Gottesdienst am Sonntag, oft noch ein weiterer in der Mitte der Woche, dann das Beten vor den Mahlzeiten und gewöhnlich auch nach dem Aufstehen und vor dem Zubettgehen. Am Abend wurde häufig aus der Bibel oder anderen heiligen Schriften vorgelesen. Das war in den Zeiten vor dem Radio, dem Fernseher, dem Surfen im Internet.

Unser modernes Leben wird in seiner Struktur nicht mehr durch spirituelle, sondern durch säkulare Aktivitäten bestimmt. Wir haben die Morgensendung im Radio oder das Frühstücksfernsehen anstelle des Gebets nach dem Aufstehen. Die Moderatoren helfen uns, »Amen« zum Tag zu sagen.

Wenn wir unseren Tag nicht ganz bewusst mit einer spirituellen Struktur versehen, müssen wir vermutlich ohne sie auskommen. Wie sollen wir uns in Erinnerung bringen, wer wir sind, wenn wir uns nicht die Zeit nehmen, uns daran zu erinnern?

Wenn wir spirituelle Intermezzos in unseren Tag einbauen, geben wir den spirituellen Kräften die Möglichkeit, uns wieder zu erschaffen, uns in eine bessere Form umzuarbeiten. Wir öffnen uns, um innere Führung zu erhalten und mit dem Göttlichen in Kontakt zu sein. Um die Routine für die Kommunikation mit dem göttlichen Geist aufzubauen und aufrechtzuerhalten, psalmodieren Mönche Morgenliturgien. Aus diesem Grund geben die Ragas dem Tag Modulation.

Wie ich schon sagte, ist das tägliche Schreiben meiner drei »Morgenseiten« für mich eine wirkungsvolle Meditationspraxis. Mittags mache ich eine Pause und gehe mit meinen Hunden spazieren, und am späten Nachmittag fahre ich Rad, eine unschätzbare Zeit für mich.

»Hunde spazieren führen! Rad fahren! Was hat denn das mit Spiritualität zu tun?«, schnaubte einer meiner intellektuellen Freunde verächtlich. Meine Morgenseitenpraxis kann er noch verstehen – schließlich sind sie *Arbeit.* Aber dass eine fest eingeplante Zeit der Erholung Bestandteil des spirituellen Weges sein soll, das wollte er nicht begreifen.

Experiment

Sie brauchen aus Ihrer Spiritualität nicht noch einen Job zu machen, den Sie perfekt bewältigen müssen. Ihre Spiritualität ist Ihnen angeboren. Sie brauchen sich nur auf sie einzustellen.

Die spirituelle Architektur unseres Tages wird durch Strukturierung gestaltet. Sie haben spirituelle Praktiken erforscht. Jetzt müssen Sie ihnen in Ihrem Leben einen Platz geben. Mit dem Setzen des Ecksteins für eine spirituelle Struktur legen wir das Fundament für produktive, fröhliche Tage.

Experimentieren Sie in dieser Woche mit dem Aufbau einer spirituellen Struktur in Ihrem Alltag. Die folgenden Fragen werden Ihnen dabei helfen. Greifen Sie zum Stift, und erkunden Sie schriftlich Ihre Möglichkeiten zum Aufbau eines spirituellen Gerüsts.

1. Nehmen Sie sich nach dem Aufwachen Zeit, um sich dem »Spirituellen« zu widmen? Wie?
2. Nehmen Sie sich eine kleine Mittagspause oder könnten Sie sie nehmen? Probieren Sie es aus.
3. Geben Sie sich am Ende des Tages Raum, um sich spirituell zu zentrieren? In welcher Form? Musik, Schreiben, Dehn- und Streckübungen?
4. Wann am Tag könnten Sie eine Pause einbauen, um sich wieder spirituell aufzuladen?
5. Haben Sie je daran gedacht, sich beim Autofahren Kassetten spirituellen Inhalts anzuhören? Während Sie sich um den Haushalt kümmern? Bei Ihrem Fitnessprogramm? Probieren Sie es aus.

Höhere Weggefährten

»Vielleicht könnten wir miteinander zu Mittag essen«, hörte ich eine Frau mit rauchiger Stimme sagen. Ich drehte mich um und erblickte eine fabelhaft aussehende Frau mit schneeweißem Haar, ausgeprägten Wangenknochen und gletscherblauen Augen. »Ich bin Julianna«, setzte sie hinzu und streckte mir die Hand entgegen.

Ich willigte ein, und das war der Beginn einer Freundschaft, die nun schon zwei Jahrzehnte anhält. Als sie damals ihren Anfang nahm, war ich neunundzwanzig, noch unsicher, was meine eben entdeckte Nüchternheit anging, und steckte mitten in einer entsetzlichen Hollywoodscheidung. Julianna, eine Hollywood- und Scheidungsveteranin, nahm mich unter ihre schützenden Fittiche. Großartige Schauspielerin und anregende Freundin, die sie ist, wurde sie zu einer spirituellen Begleiterin, die mir half, meinen eigenen Weg zu finden und auf ihm zu bleiben.

Leute, die nach einem spirituellen Weg suchen, reden oft von der Gefahr »schlechter Gesellschaft«, von Menschen, die uns zu einem Verhalten verleiten können, das uns schadet und sich nachteilig auf uns auswirkt. Wie aber steht es mit unserem Bedürfnis nach höheren Weggefährten, Menschen, die uns auf unserem Marsch in größere Höhen begleiten, ja uns sogar die Hand reichen und uns den Berg hinaufziehen können? Wenn wir auf unserer Kletterpartie ins Straucheln kommen, strecken sie uns eine hilfreiche Hand entgegen. Höhere Weggefährten sind wie »Spiegel des guten Glaubens«. Sie zeigen uns ein Bild von unserem höchsten Potenzial. Manchmal heiraten wir sie. Manchmal kommen sie als Freunde, Lehrer oder Arbeitgeber zu uns.

Für die kreative und spirituelle Weiterentwicklung ist es von entscheidender Bedeutung, dass wir uns Menschen suchen, die wissen, wie man andere nährt und ermuntert. Christus umgab sich mit zwölf Aposteln. Er wirkte seine Wunder der Manifestationen in ihrer gläubigen Mitte. Sie berichteten uns von der Vermehrung der Brote und Fische, von der Verwandlung von Wasser in Wein. Wer weiß? Vielleicht haben sie ihn dazu angestachelt: »Komm schon, Jesus, mach was ...!«?

Wir *brauchen* solche »Spiegel des guten Glaubens«, um unsere eigenen Manifestierungswunder vollbringen, um die Früchte unserer spirituellen Überzeugungen reifen lassen zu können. Höhere Weggefährten sind solche Spiegel. Sie spiegeln uns getreulich unsere Kräfte und Möglichkeiten wider. »Mach es selber«, sagen sie, wenn uns jemand im Stich lässt. Oder: »Ich helfe dir, und wir machen das gemeinsam.«

»Wir helfen einander« ist vielleicht der Satz, der diese Freundschaft der höheren Art am besten charakterisiert. Diese Hilfe kann im Zuhören, einem Darlehen zur rechten Zeit, einer hilfreichen Hand beim Ausmalen des Gästeschlafzimmers bestehen. Es ist jene Art von Unterstützung, die sagt: »Ja, das kannst du, und ich helfe dir.« Statt: »Ohne mich kannst du das nicht.«

Manchmal praktizieren höhere Weggefährten auch »strenge Liebe«. Sie sagen: »Du trinkst zu viel.« Oder »Das ist das fünfzigste Mal, dass du die ›perfekte Frau‹ spielen wolltest. Konzentrier dich lieber auf dich selbst.«

Höhere Weggefährten überbringen uns die schlechten Nachrichten und feiern mit uns die guten Neuigkeiten

Höhere Weggefährten treffen sich zum gemeinsamen Frühstück und rufen sich über die Kontinente hinweg an. Sie schicken das Buch und die Nachricht »Ich denke an dich« oder ein wunderschön gesticktes Tuch aus Chinatown mit dem Hinweis: »Für deinen Altar.« Sie verkörpern jene Liebe, »die darin besteht, dass zwei Einsamkeiten einander schützen, grenzen und grüßen«, wie Rilke in *Briefe an einen jungen Dichter* schrieb.

Übung

Sie brauchen Ihre spirituelle Reise nicht allein zu unternehmen. Pilger reisen mit Mitpilgern.
Spirituelle Weggefährten lassen uns ins Schwarze unserer Werte treffen. Wenn wir Menschen finden, die für uns ein Spiegel des guten Glaubens sind, ist es empfehlenswert, sich die Zeit zu nehmen und ihn ein bisschen zu polieren. Spirituelle Weggefährten sind unsere Trägerrakete. Sie ermöglichen uns, noch weiter und höher hinaufzureisen. Sie geben unseren erlahmenden Energien Auftrieb und halten uns auf Kurs. Solche Freundinnen und Freunde verdienen besondere Betreuung und Aufmerksamkeit.
Zeichnen Sie einen Kreis. Zeichnen Sie in diesen Kreis einen kleineren Kreis ein und in diesen wiederum einen noch kleineren. Tragen Sie darin die Namen Ihrer Freundinnen und Freunde entsprechend ihrer spirituellen Bedeutung für Sie ein.
Ihre spirituellen Weggefährten verdienen Anerkennung für die Bedeutung, die sie in Ihrem Leben haben. Lassen sie Ihnen kurze Nachrichten zukommen, in denen Sie ganz speziell die Geschenke würdigen, die sie Ihnen machen.

Liebe Julia,
niemand hört so achtsam zu wie du ...

Liebe Sonja,
ich weiß deinen visionären Optimismus zu schätzen ...

Lieber Ed,
deine Freundschaft ist für mich ein Eckpfeiler meiner emotionalen Sicherheit ...

Spirituell korrekt

Wie schlechte Kritiken, die nur die Übertretung von Normen einer konstruierten ästhetischen Theorie betonen, fokussieren sich »spirituell korrekte« Leute auf »Regeln« und übersehen dabei den Inhalt oder die Schönheit dessen, was sie beurteilen sollen.

Ich möchte gern mal wissen, wo all die Regeln herkommen. Vielleicht sind sie so strikt und dürr, dass sie durch die Ritzen hereingeschlüpft sind, so wie dieser große, unheimliche Typ, der damals, als ich noch trank, auf meinem Bett zu sitzen pflegte. Ich nannte ihn den »Vampirpriester«, weil er so aussah wie dieser unheimliche Kerl in »Poltergeist II«. Wenn Sie diesen Film nicht gesehen haben, dann stellen Sie sich einen alten hageren Burschen mit eingefallenen Wangen vor, pechschwarz gekleidet, als sei er eben den Kamin der Sünde heruntergerutscht.

So sehen die Regelmacher in meiner Vorstellung aus. Schmallippig und unheimlich, und sie verfolgen dich, wenn du nicht spirituell korrekt bist. Es gibt sie auch in weiblicher Gestalt, Katholiken kennen sie vielleicht als Schwester Oberekel. Ich bin mir ziemlich sicher, dass sie in allen Religionsgemeinschaften zu finden sind, und wie ich schon sagte, haben sie sich gewissermaßen durch die Ritzen ins Haus Gottes eingeschlichen und patrouillieren nun in den Gängen auf und ab, so als sei es ihr Haus. Es ist aber nicht das ihre. Es ist Gottes Haus. Doch das vergessen sie.

Spirituell korrekte Menschen verfügen über nicht allzu viel Ehrlichkeit. Aus ihrer Sicht bedeutet Ehrlichkeit schlechte spirituelle Grammatik. Man darf nicht in einfachen Sätzen erklären: »Hör auf! Ich kann es nicht leiden, was du da machst!« Nein, du sollst die verquere und verknäulte und spirituell korrekte Form benutzen, die so lautet: »Ich bin sicher, es liegt nur an mir und ist etwas, woran ich arbeiten sollte, es ist insgesamt ein Bereich, an dem ich noch ein bisschen mehr arbeiten muss, aber es macht mir zu schaffen – und ich weiß, es ist mein Problem –, dass du auf meinem *gottverdammten* Fuß stehst!« Das »gottverdammt« lassen sie natürlich aus.

Spirituell korrekte Menschen denken, dass sie Gottes Lieblinge sind. Sie glauben, Gott hat sie am liebsten, weil sie so *pörrrfekt* sind. Sie treten oft ein bisschen selbstgefällig auf, wenn sie dir die schlechte Nachricht übermitteln, dass du etwas spirituell Unkorrektes tust und Gott dich deshalb vielleicht fallen lassen wird. Sie sagen unheimlich gerne so Angst einflößende Dinge wie: »Ich bin sicher, du kannst es nicht wissen, aber man hat herausgefunden, dass Schokoladeessen dazu führen kann, dass du mit Satan durchbrennst und dann in der Hölle schmorst. Es hat seinen Grund, dass man es ›Teufelszeug‹ nennt!« Doch im Grunde drücken sie sich meist ein wenig vager aus, etwa so: »Ich habe bemerkt, dass du Schokolade isst. Bist du sicher, dass dir das bekommt? Ich meine, raffinierter Zucker verursacht Probleme beim Meditieren ...«

Dünn und streng, wie sie sind, haben sie offensichtlich nie das süße klebrige Zeug bekommen, das man manchmal nach einem Besuch beim Guru überreicht kriegt. Und niemand hat ihnen je gesagt, dass ein gelegentlicher Schokobecher ihrer spirituellen Verfassung überaus gut tun könnte. Sie denken, wenn du schon so etwas tun *musst*, dann solltest du es mit Reiseis und Schokoimitat versuchen.

Spirituell korrekte Leute können ganz schön ermüdend sein und es einem schwer machen, eine ordentliche Dinnerparty zu veranstalten. Ganz gleich, wie köstlich das, was Sie da gekocht haben, schmecken mag, Sie können sicher sein, dass irgendjemand irgendetwas missbilligen wird. Und dann sagt dieser Jemand auf diese spirituell korrekte Nasse-Handtuch-Art:

»Ach, ist das Schokolade?« Oder: »Ömmm, ich esse nie etwas, das einmal eine Mutter hatte.« Vielleicht auch: »Ich hoffe, es macht Ihnen nichts aus, aber ich habe meinen eigenen kleinen Beutel mit Vita-Sprossen mitgebracht.«

Nun denken Sie vielleicht, hier handle es sich um eine kalifornische Eigenart und ich täte so, als spräche ich von der Allgemeinheit. Aber ich muss Ihnen sagen, dergleichen ist mir in diesen Kreisen auch in Upstate New York und anderen Städten begegnet:

»Ich glaube, ich brauche einen Hamburger.«

»Einen *Ham*burger?«

»Jawohl.«

»Du meinst nicht einen *Vegi*burger?«

»Nein.«

»Einen Burger mit Truthahnfleisch?«

»Nein.«

Ich habe nie herausbekommen, warum es spirituell korrekter ist, Fisch zu essen, aber ich bin vom Sternzeichen her Fische und deshalb vielleicht hier ein bisschen empfindlich ... Ich konnte auch bis jetzt nicht ergründen, warum Hühnern und Kühen unterschiedliche spirituelle Werte beigemessen werden. Und bin ich etwa die Einzige, die einen Salatkopf kreischen hört, wenn man ihn aus der Erde rupft? Es hat sich was mit dem Spirituellen!

Meiner Theorie nach ist alles von Bedeutung. Alles ist geheiligt, und wir kommen weiter, wenn wir das wissen und beachten, statt in dieser Hinsicht Regeln aufzustellen und Vorschriften zu erlassen. Ich denke, alles verfügt über Bewusstsein. Außer vielleicht spirituell korrekte Leute, die mehr Zombies ähneln mögen.

Übung

Sie brauchen nicht daran zu arbeiten, dass Sie spirituell werden. Sie *sind* spirituell; Sie müssen sich nur an diese Tatsache erinnern. Der Geist existiert in Ihnen. Gott existiert in Ihnen. Sie brauchen nur eine innere Tür zu öffnen, um den Kontakt herzustellen. Sie könnten einmal die folgenden Fragen durchgehen:

1. Kommt es vor, dass Sie spirituell korrekt statt direkt sind?
2. Sind Sie anfällig dafür, von spirituell korrekten Leuten manipuliert zu werden?
3. Können Sie sich selbst gegenüber Gefühle eingestehen, die als spirituell nicht korrekt gelten?
4. Haben Sie Freundinnen bzw. Freunde, mit denen Sie spirituell »unkorrekte« Gefühle teilen können?
5. Lassen Sie Ihren spirituell unkorrekten Gefühlen vor Gott freien Lauf oder versuchen Sie, sie zu verheimlichen?

Zu gescheit für »Gotteszeug«

Ein Psychiater sagte mir einmal: »Julia, für dieses ganze Gotteszeug bist du doch viel zu gescheit.« Ich weiß nicht genau, woher diese Idee stammt, dass Gott etwas für intellektuell Unterbelichtete sein soll. Allerdings weiß ich, dass manche Kreise den schleichenden Verdacht hegen, Gott sei etwas für die Leichtgläubigen. »Man kann ja doch so ziemlich glauben, was man will, nicht wahr?« So verlieh einmal eine intelligente Frau ihrem Skeptizismus Ausdruck.

Ja. Aber mir scheint, dass es einer Menge Leute, denen beim Gedanken an die Existenz eines Gottes unbehaglich zumute ist, besser ginge, wenn sie ihn ganz einfach erführen. Mit anderen Worten, das Experimentieren mit der Möglichkeit, dass Gott existiert, scheint mir ein guter Anfang, um die Dinge in Gang zu bringen. Vielleicht sollten wir versuchen, Gott weniger wie ein intellektuelles Konstrukt und mehr wie einen zukünftigen Freund zu behandeln. Vielleicht sollten wir lockerer an die Sache herangehen und mal zusehen, ob wir einen gemeinsamen Spaziergang unternehmen oder »zusammen ins Kino gehen«. Vielleicht sollten wir damit aufhören, »die Sache mit Gott enträtseln« zu wollen, und einfach nur mal die Zügel locker lassen.

Mir ist aufgefallen, dass gescheite Leute, was Gott angeht, manchmal richtig dumm sein können. Vielleicht deshalb, weil sie ein bisschen Konkurrent werden und meinen, dass sie möglicherweise selber Gott sind. Oder vielleicht ist es mehr Eifersucht, und sie wünschen sich, sie wären Gott. Jedenfalls scheinen sie gerne Gott auseinander zu nehmen und zu analysieren, ganz so, wie man über das beliebteste Mädel in der Klasse herzieht oder redet.

Smarte Leute haben eine Million Theorien über Gott. Und eine

Milliarde mehr Punkte, über die man debattieren muss. Sie haben Vorstellungen von Gott, die sich nicht viel anders anhören, als wenn ein paar Schwule zusammenhocken und sich über Greta Garbo unterhalten. Und sie reden auch in etwa so: »Ich weiß, dass Soundso ihr mal begegnete ...«

Vielleicht gibt sich Gott ja für diese smarten Leute wie Greta Garbo. Immer mysteriös und in deren Anwesenheit stets mit Sonnenbrille. Ich glaube, das entspräche Gottes Sinn für Humor.

Eine meiner Freundinnen erzählte die Geschichte, wie sie einmal einer Gruppe sehr gescheiter Leute zuhörte, die über die Existenz Gottes diskutierte, während hinter ihrem Rücken, draußen vor dem Fenster, ein großer fetter Herbstmond, rund und golden, am Himmel aufstieg. Der Mond war Gottes kleiner Scherz.

Wenn gescheite Leute über Gott reden, erinnern sie mich auch immer an gewisse Filmkritiker. Sie haben keine Ahnung, wie man so einen Film macht, aber sagen zu können, was damit *nicht* stimmt, törnt sie richtig an.

Lange Zeit dachte ich, dass man, wenn man etwas über Gott in Erfahrung bringen will, lesen sollte, was ein jeder so über Gott gesagt hat. Dann kam mir ein Gedanke: Warum nicht einfach mal versuchen, Gott zu begegnen? Und als ich das tat, fiel sofort die Sonnenbrille runter.

Übung

Wenn wir Gott intellektualisieren, vermeiden wir es, Gott zu erfahren. Doch indem wir lernen, Körper und Geist zu *verbinden*, werden wir mehr, nicht weniger spirituell.

Tanzen Sie entweder fünfzehn Minuten lang und denken Sie dabei an Gott, oder beantworten Sie folgende Fragen (eigentlich könnten Sie auch beides tun):

1. Steht Ihr Intellekt je Ihrem spirituellem Leben im Weg?
2. Welche spirituellen Techniken haben Sie erlernt, die Ihnen helfen, sich vom Kopf ins Herz zu begeben?
3. Haben Sie gelernt, nicht spitzfindigen spirituellen Diskussionen zu frönen?
4. Haben Sie gelernt, Ihr Tempo zu verlangsamen, ins Jetzt einzutreten und eine spirituelle Erfahrung zu machen?
5. Welchen sanften, beruhigenden und nichtintellektuellen Weg gehen Sie, um mit Gott in Kontakt zu treten – singen Sie ein Kirchenlied, sprechen Sie ein Gebet von heiterer Gelassenheit ...?

Experiment

Demut und Demütigung sind nicht dasselbe. Es gehört zu den großen Paradoxa des spirituellen Lebens, dass das freiwillige Streben nach Demut unser spirituelles Niveau hebt, statt es zu senken. In den Klöstern und Ashrams kehren, schrubben, schnippeln und kochen die Novizen und Schüler. Dadurch kommen sie mit ihrer inneren Würde in Kontakt, mit dem, was nicht von Arbeitsplatzbeschreibungen oder äußerlichem Drumherum abhängig ist. Die meisten von uns weisen wenigstens einen Bereich im Leben auf, in dem uns die Gnade des Anfängertums sehr zustatten käme. Schon so manche erfahrene Erwachsene fanden ein unerwartetes Vergnügen daran, wieder die Schulbank zu drücken und ein Fach zu studieren, in dem sie nicht bewandert sind. Demut fördert die Empfänglichkeit. Die höheren Kräfte sprechen zu uns, wenn wir bescheiden genug sind, um ihnen zuzuhören. Wenn müßige Hände der Spielplatz des Teufels sind, dann sind geschäftige Hände der Spielplatz der Engel. Machen Sie irgendeine einfache, handwerkliche Arbeit. Schrubben Sie zum Beispiel den Küchenboden. Säubern Sie die Badezimmerschränkchen. Backen Sie Plätzchen. Kehren Sie die Garage aus. Falten Sie die Wäsche zusammen. Saugen Sie Staub in Ihrem Auto. Stauben Sie Ihre Bücherregale ab. Putzen Sie Ihre Schuhe. Flicken Sie Ihre Sachen. Einfache Arbeiten, die sich immer wiederholen, lassen unseren Schwerpunkt von der linken zur rechten Gehirnhälfte überwechseln. Probleme lösen sich auf und Lösungen erscheinen. Christus war ein Zimmermann. Er ging barfuß und hörte die Engel singen. Unternehmen Sie einen Spaziergang in Ihren bequemsten Schuhen. Gehen Sie langsam und hören Sie, was die Engel sagen.

Lehrer

Eine junge Violinistin setzt den Bogen an. Eine ältere Frau sitzt am anderen Ende des Raums auf einem Stuhl mit gerader Rückenlehne, neigt den Kopf zur Seite und schließt halb die Augen. Klänge füllen den Raum. Es ist der erste Satz einer Cellosuite von Bach. Sie beginnt in großer Ruhe und steigert sich in ihrer Bewegung bis zu dramatischer Intensität. Die junge Violinistin spielt den Satz von Anfang bis Ende, dann lässt sie ihr Instrument sinken und hält es vor der Brust.

»Nun«, sagt die ältere Frau, »was hören wir in den ersten drei Noten?«

Sie pickt aus dem Klanggewebe ein paar entscheidende Fäden heraus.

»Jetzt versuch es noch einmal. Und dieses Mal ...«

Wenn wir daran denken, uns einen spirituellen Lehrer oder eine spirituelle Lehrerin zu suchen, meinen wir oft, wir müssten ihn oder sie in einem Ashram oder Kloster finden. Wir meinen, sie müssten ihr Gelübde gegenüber einem esoterischen Orden abgelegt haben. Wir denken, unsere spirituellen Lehrer müssen religiös sein. In Wahrheit schlagen aber spirituelle Lehrerinnen und Lehrer im Leben viele Wege ein und erlernen die Lektionen, die sie lehren, durch viele Praktiken – von denen nur wenige ausgesprochen spirituell sind. Die große Musiklehrerin Joyce Robbins verfügt über eine spirituelle Ausstrahlungskraft, wie man sie auch bei einem buddhistischen Mönch findet. Acht Jahrzehnte Leben in der Musik haben sie gelehrt: »Schönheit ist Wahrheit, und Wahrheit ist Schönheit.« Sie hat ihren Schülerinnen und Schülern mehr als nur eine makellose Technik zu bieten. Sie bietet ihnen ebenfalls makellose Ehrlichkeit. »Genau hier bist du ins Straucheln geraten. Hier klang der Ton falsch.«

Zu den großen Lehrerinnen in Libertyville, Illinois, dem Heimatort meiner Eltern, gehörte Libby, eine schon etwas ältere Friseuse. Ihr Friseurstuhl im Sheridan Beauty Salon war ein ebenso reicher Quell spirituellen Trostes wie ein Beichtstuhl. Libby, eine winzige Frau mit silbrigblauen Augen und dazu passenden Locken, hörte aufmerksam zu und gab dann ihren kurzen und treffenden Kommentar ab, der in seinem Wesen oft so weise war wie ein Zen-Koan. Meine Mutter ging fünfundzwanzig Jahre lang jeden Donnerstag zu Libby.

Für mich war mein Vater ein großartiger Lehrer. Er hatte sich schon mit zwölf auf seinen Weg in die Welt gemacht und den Job angenommen, einen Spirituosenhändler auf seinen Runden herumzukutschieren. Er war ein gewitzter Menschenkenner, nutzte aber sein Urteilsvermögen auf innovative und positive Weise. Ja, er konnte einen Schwindler oder Betrüger auf Anhieb erkennen, aber auch talentierte junge Leute, denen es nur, wie einst ihm, an einer Chance fehlte. Als er in der Geschäftswelt immer höher und höher stieg, öffnete er Türen für talentierte junge Leuten mit gutem Charakter.

»Ich verdanke meine ganze Karriere deinem Vater«, erzählte mir der President einer Werbeagentur. »Er gab mir einen Ort, an dem ich ein ganzes Jahr leben konnte, und öffnete mir jede Tür, die er öffnen konnte, um mir zu helfen, meinen Weg zu machen.«

Die Großzügigkeit meines Vaters war stiller und persönlicher Art. Auch als er reich wurde, hielten sich seine Ausgaben in bescheidenen Grenzen. Bei Investitionen ging er ruhig und konservativ vor. Ging es aber um Menschen, in die er investierte, suchte er sich die Leute sorgfältig aus und stand dann hundertprozentig hinter ihnen. Die von ihm gesponserten Personen sponserten später wiederum andere. All das ging völlig ohne »Show« vonstatten. Mein Vater glaubte an ein zurückhaltendes Wesen und hohe Maßstäbe. Er hielt sich an diese Maßstäbe, und wir alle lernten durch sein Beispiel.

Ein großer Lehrer praktiziert, was er predigt – und predigt dabei, wenn überhaupt, nur sehr wenig.

Übung

Unser großer Lehrer ist das Universum selbst. Wenn wir offen und lernbereit sind, können wir aus vielen Quellen lernen. In jedermanns Leben gibt es eine Fülle von Lehrern, und sie kommen in vielerlei Formen zu uns. Unser großen Lehrerinnen und Lehrer könnten unsere Ehe- oder Geschäftspartner sein. Oder vielleicht unsere Freunde, Kinder oder Chefs. Menschen belehren uns sowohl durch positive wie durch negative Beispiele. Die im ganzen Land verbreitete Sucht nach Prominenten könnte Teil einer Sucht nach Lernen durch Nachempfinden sein.
Greifen Sie zum Stift und zählen Sie fünf Lehrerinnen und/oder Lehrer aus Ihrer Vergangenheit auf, fünf aus Ihrer Gegenwart und fünf potenzielle Schülerinnen und Schüler, die Sie belehren könnten. Geben Sie Ihrer Dankbarkeit für jene Ausdruck, die Sie belehrt haben. Helfen Sie in irgendeiner Form einer Person, der Sie etwas beibringen könnten.

Über die Eltern herziehen

An einem milden Spätnachmittag war ich zum frühen Abendessen eingeladen. Wir saßen in einem noblen Ambiente, und die versammelten Gäste waren spirituelle Sucher jeglicher Couleur. Keiner am Tisch war unter vierzig. Sie alle waren zivilisiert und therapiert. Alle waren sie funktionstüchtige Erwachsene. Sie hatten Arbeit, Kinder und ein schweres Kreuz zu tragen: ihre schrecklichen Eltern. Das Gespräch bei Tisch nahm sich wie eine einzige Litanei der Gefühllosigkeit und des mangelnden Einfühlungsvermögens ihrer Erzeuger aus. Ich sah die elterlichen Geister praktisch an der Decke hin und her schweben und hörte sie rufen: »Das habe ich nicht getan!« Und: »Das habe ich getan, weil ...« Und: »Ich habe mich wirklich, wirklich bemüht.« Je mehr sich die Klagen und Vorwürfe häuften, desto dringlicher wollte ich von da weg. Nicht, weil ich das Thema »verdrängte« oder weil bei mir eine »empfindliche Stelle getroffen« worden war. Ich wollte weg, weil ich das Herziehen über die Eltern als spirituelle Sportart reichlich satt habe.

Dieses Lästern über die Eltern erinnert mich an das Herziehen über die Männer. An den Vorwürfen ist etwas Wahres, aber sie sind nicht die ganze Wahrheit. Ich entsinne mich, dass ich einmal in den Redaktionsräumen der Zeitschrift *Ms.* saß und die Journalistinnen fragte: »Habe ich das richtig verstanden? Keine von euch hatte je einen netten Bruder oder Cousin oder Freund oder Vater?«

Ein ähnliches Gefühl habe ich häufig, wenn ich Therapeuten über ihre Eltern reden höre. Die meisten Therapien gehen im Grundsatz davon aus, dass wir schreckliche Eltern hatten und deshalb nun verwundet und in unseren gegenwärtigen Beziehungen verhaltensgestört sind. Diese Anschauung ist so allgemein verbreitet, dass wir selten genau hinsehen und uns klar machen, was für eine kaum fassbare Grundannahme das eigentlich ist und wie kontraproduktiv und sogar zerstörerisch sie sich auf unsere Identität auswirken kann. Die Psychotherapie ist eine Erfindung des ausgehenden 19. Jahrhunderts und hat wie vieles andere ihren Platz, doch sie spielt in unserer Gesellschaft eine unangemessen große Rolle.

Nur selten findet sich ein Therapeut, der sagt: »Jetzt wollen wir uns einmal auf alle guten Gaben und Eigenschaften konzentrieren, die Sie von Ihren Eltern und allen Ihren Geschwistern erhalten oder übernommen haben.« Und doch ist eine solche Würdigung in »primitiven« Gesellschaften selbstverständlich. Man glaubt, dass »Familienmerkmale und -eigenschaften« für die Identität einer Person von zentraler Bedeutung sind. Nicht nur Familiengeschäfte, sondern auch Begabungen können von Generation zu Generation weitergereicht werden. Mozart entstammte einer Musikerfamilie. Das trifft auf viele Komponisten zu. Man ging davon aus, dass eine künstlerische Begabung oder ein schöpferisches Talent, genau wie blaue Augen oder eine auffällige Nase, durch Generationen hinweg vererbt werden können.

Durch die Therapie auf die Abwertung unserer Familie eingeschworen, kommt uns gar nicht der Gedanke: »Ich habe Tante Minnies Begabung für das Tortenbacken.« Oder: »Ich habe Omas ›grünen Daumen‹ geerbt.« Unter therapeutischer Anleitung gehen wir den sich durch vielfache Generationen hindurchziehenden Wurzeln unserer Suchtneigungen nach, aber nicht der Spur einer Liebe zum Wort, einer Begabung fürs Fotografieren, einer Neigung zum Kochen. Positive Eigenschaften und Merkmale werden der persönlichen Entwicklung zugerechnet, negative gelten als ererbt. Wir kappen regelmäßig unsere Wurzeln, ausgenommen an großen Feiertagen, und finden unsere Familie stattdessen bei unseren Freunden. Wir werfen unsere Abstammungslinie fort und werden dadurch wurzel- und rücksichtslos.

Wenn unsere Eltern die Urheber unserer Wunden, nicht aber unseres Wertes sind, fühlen wir uns im Recht, wenn wir sie in ein Altersheim abschieben und dort nur selten besuchen.
Im Orient sieht man das tradtionellerweise völlig anders. Dort findet sich in jedem Haushalt an zentraler Stelle ein Ahnenaltar. Die geliebten Verstorbenen gelten als Quell der Weisheit und der Wohltaten. Man hat nicht die Sorge, dass man durch die eigene Familie geschädigt werden könnte, sondern die, möglicherweise selber der Familienehre Schande zu machen oder sie zu beschädigen. Man geht grundsätzlich davon aus, dass die Familie eine ihr immanente Ehre besitzt, dass ihr eine Bedeutung und ein Wert zukommen, aus denen wir unseren eigenen Wert beziehen können.
Indianer, Afrikaner und australische Ureinwohner halten in ihren spirituellen Traditionen die Ahnen hoch. Und auch wir taten das noch bis vor kurzem. Wir sind die Frucht der Vergangenheit. Wir sind das Samenkorn der Zukunft. Wir leben, aber das Leben lebt durch uns. Indem wir unsere Familienältesten in die Arme schließen, werden wir wir selbst. Es fließt nicht nur das Blut unser Vorfahren in unseren Adern, in uns finden sich auch ihre Träume.
Ich spüre, dass wir immerfort von spirituellen Kräften umgeben sind, die darauf warten, uns ihre Unterstützung angedeihen zu lassen. Sie drängen sich nicht auf, sie greifen nicht ein, aber sie sind augenblicklich verfügbar. Als Künstlerin bitte ich regelmäßig um Inspiration. Sie kommt mir oft sehr rasant und spezifisch zu im Verein mit dem Gefühl, dass ich nicht nur als Künstlerin um eine solche Hilfe bitten sollte. Vor einigen Monaten spürte ich beständig die Gegenwart meiner verstorbenen Mutter. Ich nahm mein Leben durch ihre Augen wahr und stellte mir alarmiert die Frage: Wie kommt es, dass ich meiner Tochter, ihrer Enkelin, das Kochen nie richtig beigebracht habe? Ich nahm sofort Kochunterricht. Ich habe persönlich die spirituelle Er-

Gottes Wille

Ich weiß nicht, woher wir die Vorstellung nehmen, dass Gottes Wille für uns und unsere Version von einem glücklichen Ausgang der Geschichte grundsätzlich im Widerspruch zueinander stehen. Ich weiß nicht, warum wir zum Beispiel denken, dass wir gern nach Frankreich gehen würden, Gott aber möchte, dass wir zu Hause bleiben und als Serviererin in Joes Kneipe arbeiten. Irgendwie scheint einer Menge Leute der Gedanke gekommen zu sein, dass das, was uns Spaß macht, nicht das Menü ist, das uns Gott zugedacht hat. So wie: »Okay, ich möchte Zitronenmeringue, aber Gott möchte wahrscheinlich, dass ich das Salatblatt nehme, also werde ich das Salatblatt bestellen ...«

Ich denke, dass viele der Vorstellungen, die wir von Gottes Willen haben, im Grunde die miese Idee von jemand anderem sind; und ist es nicht die unsere, dann die unserer Gesellschaft. Wir Amerikaner sind in gewisser Hinsicht noch immer sehr dem Begriff der Sünde und dem kalvinistischen Denken verhaftet, so als hätte man damals bei der Überfahrt der »Mayflower« die meisten der an Bord befindlichen großartigen Tänzer vielleicht gezwungen, ins Meer zu springen.

Ich persönlich meine, dass Gott möglicherweise gerne Cha-Cha-Cha tanzt – und vielleicht sogar auch den Schieber. Ich denke, Gott hat uns vielleicht so eine Art Navigationssystem eingebaut, das folgendermaßen funktioniert: »Du willst mich finden? Geh in dich und schau nach, was dich glücklich macht.« Mit anderen Worten, Träume sind vielleicht gar keine Grausamkeit, sondern Hinweise von Gott, wie wir das Versteck finden können. Vielleicht bedeutet das spirituelle Erwachen gar nicht: »Okay, hier hört der Spaß auf.« Vielleicht bedeutet es: »Oh, jetzt beginnt der Spaß.«

Ich denke, dass meine Träume möglicherweise von Gott kommen und meine Version von ihnen eine Art Rohentwurf ist. Ich beginne, an einem Traum zu arbeiten, und dann kommt Gott daher und stellt die Skizze fertig oder kritzelt etwas anderes hin, das mir sogar noch besser gefällt. Ich sinne darüber nach, wie ich dieses verdammte Salatblatt noch ein weiteres Mal herunterbringen soll, und Gott backt die Zitronenmeringue, die ich eigentlich möchte, oder die Kokosnusscremetorte, die ich noch lieber mag.

Wenn ich dem Glauben anhänge, es sei Gottes Wille, dass ich eine Salatblattdiät einhalte, habe ich unter anderem das Problem, dass Gott mir den Happen Süßes sofort entreißen wird, wenn ich denn an einen kommen sollte ... Es ist derselbe Glaube, der auch davon ausgeht, dass Gott den Squaredance und Dior hasst und sich an gregorianischen Gesängen und Sackleinen wahrhaft ergötzt.

Im Verlauf der Jahre kam mir der Gedanke, dass Gott über eine ziemliche Bandbreite an emotionaler Klaviatur verfügt, und wir diejenigen sind, die in den düsteren und deprimierenden Tonarten stecken bleiben. Wir sind es, die sagen: »Vergiss Frankreich. Sei froh, wenn du nicht die Spätschicht schieben musst.« Damit möchte ich nicht sagen, dass Gottes Wille für uns immer manischer und überaus fröhlicher Natur ist. Ich meine nur, dass der Film insgesamt sehr viel mehr zu bieten haben könnte als den Ausschnitt, auf den wir uns konzentrieren, und dass sich auch die Filmmusik sehr viel angenehmer anhören könnte als »Wehe mir, die alte Leier beginnt von vorn«.

Wenn es um Gottes Wille geht, haben wir meiner Meinung nach die Tendenz, Gott als eine Art Fernsehprogramm zu betrachten, das uns ein weiteres Jahr Polizeiserien und die Yuppies von nebenan zumutet. Wir gehen mehr oder weniger davon aus, dass Gottes Programmlinie besagt: »Du lebst, und es macht nicht viel Spaß, und dann stirbst du.« Irgendwie neigen wir zu der

Vorstellung, dass Gott ausgesprochen ernsthaften Charakters ist – und dass es uns selbst an Charakter mangelt, wenn wir möchten, dass Gottes Wille für uns etwas anderes als bestenfalls die angenehmere Schicht in Joes Kneipe ist.
Es fällt auf, dass wir einer ziemlich humorlosen Version von Gott anhängen. Wir ignorieren die Paviane mit ihren knallroten Hintern, die Kolibris und Kugelfische und führen uns auf, als sei das Filmmaterial über Kriege und Hungersnöte Gottes Schuld und Gottes Wille und nicht unser eigener hässlicher Unfug. Wenn alles Falsche, Verderbte, Schlechte und Deprimierende Gottes Wille wäre, dann wären wir vom Haken. Wenn die Hungersnot Gottes Wille wäre, dann bräuchten wir keine Carepakete zu schicken. Wenn wir deprimiert sind und uns elend fühlen und Gott die Schuld dafür geben, dann kommt uns das Anderen-Leuten-Helfen nur wie noch so eine trübselige Pflicht vor, nicht wahr? So, wie wenn man der Schwester beim Aufräumen ihres Zimmers helfen soll.
Wenn Gott andererseits unsere Vorstellung von einer guten und angenehmen Zeit ganz in Ordnung findet, ja uns vielleicht sogar noch dabei hilft, dann ist es nicht ganz so schwer, mit anzupacken und jemand anderem zu helfen, oder?
Ich habe die spirituelle Erfahrung gemacht, dass Gottes Wille nicht ganz so herb und beängstigend erscheint, wenn wir bei dem ganzen Spiel das Spielen nicht vergessen. Wenn wir schon eine Weile lang bei Joe's die Kellnerin spielen müssen, können wir genauso gut auch mit dem hübschen jamaikanischen Koch flirten und lernen, wie man Limonenpastete macht.

Übung

Unsere Träume kommen von Gott. Und Gott hat die Macht, sie wahr werden zu lassen. Zu oft denken wir, unsere Träume spiegelten lediglich unser »Ego« wider, und wir versuchen, unsere Träume vor Gott zu verstecken. Das verbaut uns den Zugang zur Erkenntnis und zur spirituellen Unterstützung.

1. Haben Sie einen Traum, den Sie vor Gott geheim hielten?
2. Haben Sie einen Traum, den Sie zu verwirklichen versuchen würden, »wenn Sie einfach ein bisschen mehr Glauben und Vertrauen hätten«?
3. Können Sie etwas in Richtung dieses Traums unternehmen?
4. Unternehmen Sie es.
5. Was war das Ergebnis?

Übung

Eine unserer hartnäckigsten Gottesvorstellungen und Ängste ist die, dass unser Wille und Gottes Wille im Gegensatz zueinander stehen. In Wahrheit könnte Gott mit dem Geschöpf, das wir nun mal sind, ganz zufrieden sein. Und Gottes Wille für uns könnte schlicht der sein, dass wir unseren wahren Wertvorstellungen Ausdruck geben.

Jede Blume
Im Garten
Hat ihren Sinn
Und ihre Stunde.

Wir sollen sein, was wir sind. Wir sollen unsere persönlichen Wertvorstellungen leben und zum Ausdruck bringen. Greifen Sie zum Stift und zählen Sie fünfundzwanzig Dinge auf, auf die Sie stolz sind, nicht auf die Sie stolz sein *sollten.* Nehmen Sie sich fünfzehn Minuten Zeit, und greifen Sie dann wieder zum Stift. Erforschen Sie, was Ihnen diese Aufzählung gezeigt hat.

Sind Sie ganz unerwartet stolz auf körperliche Leistungen? Auf künstlerische Leistungen? Auf Ihre Begabung zum Knüpfen und Pflegen von Freundschaften? Welche Wertvorstellungen werden immer und immer wieder zum Ausdruck gebracht? Welche Wertvorstellung möchten Sie gerne mehr zum Ausdruck gebracht sehen?
Unsere Werte sind so einmalig wie unsere Fingerabdrücke. Schätzen Sie Schönheit, das Abenteuer, Güte und Freundlichkeit, Beständigkeit? Suchen Sie sich eine kleine Aktion aus, die mit Ihrem Wertesystem in Einklang steht: Tun Sie's.

Schlimme Julie

Als ich das erste Mal wegen meiner theologischen Anschauungen in Schwierigkeiten geriet, war ich acht und in der zweiten Klasse der St.-Joseph's-Grundschule. Unser Klassenzimmer war ein hoher sonniger Raum mit sehr hohen Fenstern – eine eigentlich ganz idyllische Umgebung, wenn man nicht auf das hörte, was unterrichtet wurde.

»Und so fürchte ich, dass eure lieben Haustiere nicht in den Himmel kommen, weil sie nicht die gleiche Art Seele haben wie wir Menschen.«

Keine Haustiere im Himmel? Das waren erschreckende Nachrichten. Da gab es die Hündin Alice und die Katze Sheba, ganz zu schweigen von Chico, dem frechen kleinen Hackney-Welsh-Pony. Was sollte ich denn ohne sie im Himmel anfangen? Dasitzen und Schwester Oberekel zuhören? Ich denke, genau das war ihr Plan, denn sie fuhr fort, ihre Version vom Ablauf der Ereignisse zu schildern. Die nahm sich wirklich bedrohlich aus und wurde von Minute zu Minute noch schrecklicher.

Die St.-Joseph's-Grundschule teilte sich die Dorfwiese mit einer kleinen weißen Kirche, die den Christian Scientists gehörte. Unsere Kirche war groß und prächtig, aus rotem Backstein erbaut und mit leuchtend farbigen Glasfenstern. Die arme kleine Christian-Science-Kirche war wirklich sehr klein und unansehnlich, ohne farbige Glasfenster oder auch nur einen einzigen Backstein. Ein Gotteshaus, das ganz einfach aus weißen Brettern bestand, durch die der Wind pfiff, und das leicht umgeweht werden konnte. Mir taten die Christian Scientists mit ihrer schlichten Religion so ganz ohne Schnickschnack Leid. Meine beste Freundin, Lynnie Lane, gehörte zu ihnen, und wenn sie in die Kirche ging, gab es keine schicken Sonntagskleider, wie wir Katholiken sie hatten, keinen Weihrauch, kein Latein, gar nichts außer Gerede und ein paar einfachen kleinen Liedern. Ja, Christian Scientist zu sein, musste ganz schön deprimierend sein, und erst dachte ich, das wäre alles, was auch Schwester Oberekel dazu sagen würde, aber nein ...

»... und deshalb fürchte ich, dass, wenn jemand von euch kleine Freundinnen hat, die den Christian Scientists angehören, ihr auch sie nicht im Himmel sehen werdet, weil sie nicht getauft sind, und deshalb werden sie leider nicht hineingelassen.«

Keine Hunde, keine Katzen, keine Ponys und keine Lynnie Lane? Schwester Oberekel sprach nicht über den Himmel, den ich mir vorstellte. Sie sprach über die Hölle, wie ich sie vor mir sah. Ich hob sofort die Hand, sprang auf und sagte ihr das auch.

»Schwester, was Sie da über Gott sagen, ist falsch«, klärte ich sie auf. »Natürlich haben Tiere Seelen. Natürlich kann jeder in den Himmel kommen. Gott ist nicht so gemein!«

Schwester Oberekel schickte mich zur Direktorin.

Als ich das zweite Mal wegen meiner theologischen Anschauungen in Schwierigkeiten geriet, nahm ich an einem Retreat an meiner High School teil, der Carmel-Mädchen-High-School. Der Retreatleiter war ein gut aussehender rothaariger Priester namens Vater Morgan. Er erklärte uns: »Ihr seht also, der Himmel ist so, wie wenn ihr mit eurer Mutter ins Kino geht und euch Gott auf der Leinwand anschaut.«

Wir waren Teenager! Die Vorstellung, mit unseren Müttern ins Kino zu gehen, entsprach überhaupt nicht unserem Bild vom Himmel, sondern wies eher eine alarmierende Ähnlichkeit mit meiner Vorstellung von der Hölle auf.

Ich hob sofort die Hand, sprang auf und sagte ihm das auch. »Vater Morgan, der Himmel ist nicht so«, begann ich.

Vater Morgan schickte mich zum Direktor.

Als ich das dritte Mal wegen meiner theologischen Anschauungen in Schwierigkeiten geriet, war ich in der Oberstufe der Carmel High School und kandidierte als Klassensprecherin. »Meiner

Wahlkampagne fehlt es noch an Humor«, dachte ich. Ich behob diesen Mangel durch ein farbenprächtiges Poster, das Christus zeigte, wie er von den Toten auferstand. Er trug eine weiße Toga und einen Wahlbutton mit der Aufschrift: »Ich mag Julie.« Unter seinen bloßen Füßen, die gerade etwas an Höhe gewannen, stand mein eleganter Slogan zu lesen: »Führt eine stolze Tradition fort. Stimmt für J. C.«

Wegen diesem bisschen Heiterkeit wurde ich zu einer Psychiaterin geschickt. Zu meinem Glück fand sie das alles auch ziemlich komisch. Zu meinem Unglück lernte ich nichts aus dieser Lektion.

Das letzte Mal geriet ich wegen meiner theologischen Anschauungen in Schwierigkeiten, als ich das Drehbuch für einen Spielfilm mit dem Titel »God's Will« schrieb, bei dem ich auch Regie führte. Eine »Komödie« stand auf dem Werbeplakat zu lesen. Aber manche Leute fanden den Film gar nicht komisch. Gott war eine attraktive rothaarige Golferin, die gerne beim Einlochen Cha-Cha-Cha tanzte.

»Das ist ganz und gar nicht komisch«, schimpften ein paar sehr ernsthafte (männliche) Kritiker. Ich bewahre mir immer noch den Artikel aus der *Variety* mit der Überschrift »›Gottes Wille‹ hat in Europa eingeschlagen« auf.

Und so denke ich, dass dieses Buch vielleicht »Das Spiritualitätsbuch der schlimmen Julie« betitelt werden sollte. Denn für manche Leute ist Gott nichts zum Lachen. Vielleicht lässt sich dasselbe auch umgekehrt von Gott sagen.

Übung

Wir glauben oft fälschlicherweise, dass gute Laune und Individualität unspirituell seien. In Wahrheit sind wir so einzigartig, wie jede Schneeflocke sich von allen anderen unterscheidet.

Und das in vollkommener Übereinstimmung mit Gott, der schließlich beides gemacht hat – uns und die Schneeflocken. Obwohl unsere Individualität für unsere Mitmenschen manchmal etwas problematisch sein kann.

Dies ist eine weitere »archäologische« Übung; beantworten Sie die folgenden Fragen am besten schriftlich:

1. Haben Sie je wegen Ihrer spirituellen Überzeugungen Schwierigkeiten bekommen?
2. Haben Sie sich in Ihrem persönlichen Gewissen jemals auffällig von den Inhalten unterschieden, die Sie gelehrt wurden?
3. Haben Sie jemals nach Ihrem persönlichen Gewissen und nicht nach Ihrer Konditionierung gehandelt?
4. Akzeptiert Sie Gott nach Ihrem Gottesbild so, wie Sie sind?
5. Hat sich Ihr Gottesbild mit zunehmender Reife verändert, oder haben Sie sich erlaubt, statt Ihrem Gottesbild Gott zu »entwachsen«? Listen Sie Bereiche auf, in denen Sie Ihr neuer Gott unterstützen kann.

Leisetreter

Mein spirituelles Leben hat mich unter anderem zu einer Leisetreterin gemacht. Ich bitte regelmäßig um innere Führung und bekomme sie ebenso regelmäßig in Form von klaren inneren Anweisungen, die ich »meine Marschbefehle« nenne. »Geh nach New York«, sagen sie vielleicht – oder: »Ruf deine Tante Bernice an.« Und keiner meiner Lebensbereiche ist vor diesen Marschbefehlen sicher. Wenn ich sie ignoriere, werden sie mit heftigerem Nachdruck wiederholt. Manche Leute nennen das innere Führung. Das ist es auch, aber es ist ebenso Genörgel, und hier kommt die Leisetreterin ins Spiel.

Mittlerweile habe ich gelernt, wenn ich auf spirituellem Weg gedrängt werde, irgendeine seltsame Aktion zu unternehmen, *nicht* zu sagen: »Gott hat mich dazu angewiesen.«

Als ich verheiratet war, zeigte mein Mann am nützlichen Aspekt meiner inneren Führung starkes Interesse. Ihn entzückte ihre Präzision in manchen Fällen fast ebenso wie mich, doch missfiel ihm die Tatsache, dass ich beim Beten nicht die Erfahrung einer einzigen, klar definierten und gemütlich anthropomorphen Gottheit machte, sondern das Gefühl von einer Pluralität, von wohlmeinenden *höheren Kräften* hatte, die ich häufig als »sie« bezeichnete; und das war ein Fehler.

»Was meinst du mit *sie*?«, fragte er dann. »Wer sind *sie?*« Ich glaube, er wartete auf den Moment – oder fürchtete ihn vielleicht –, in dem ich ihm enthüllen würde, dass mein Leben von weiß gewandeten Gestalten aus einer fernen Galaxie bestimmt wurde. Wir lebten zu der Zeit in Taos in New Mexico, wo viele New-Age-Nachbarn solche Quellen innerer Führung eingestanden.

»Ich habe nie irgendeinen weiß bemäntelten Ratgeber gesehen«, erklärte ich meinem Mann. »Ich *sehe* überhaupt nichts. Ich höre, und es nimmt sich mehr wie ein Chor denn wie ein Gespräch mit Gott aus.«

»Hmmm.« Diese Information verunsicherte ihn.

Um Ihnen die Wahrheit zu sagen, es verunsicherte auch *mich*. Ich habe schon, solange ich denken kann, auf sie gehört. Als ich anfing, ganz bewusst an meiner spirituellen Verfassung zu arbeiten, nahmen die Anweisungen an Klarheit und Umfang zu. Und sie wurden auch immer spezifischer. Als ich bei einem Spielfilm Regie führte, warnten sie mich vor einigem durch Lichteinfall unbrauchbar gewordenem Filmmaterial und vor der Unzuverlässigkeit meines Tonmanns. Zu meinem Leidwesen hatten sie in beiden Fällen Recht. Ich hatte sie gehört, aber ihre Warnungen ignoriert. Mein verpatzter Film überzeugte mich schließlich. Ich hörte ihnen nun häufiger und mit mehr Aufgeschlossenheit zu. Meine Marschbefehle entwickelten sich von bloßen Anweisungen zu seitenlangen spirituellen Überblicken, bei denen meine Zukunft mit unheimlicher Präzision sowohl geplant wie auch vorhergesagt wurde.

»Channelst du?«, wollte mein Mann wissen.

»Ich höre nur zu«, sagte ich.

Gelegentlich bat er mich dann, sie auch nach etwas zu fragen, was ihn interessierte. Die Informationen zu seinem Leben erwiesen sich ebenfalls als nützlich und zutreffend. Ich verließ mich mit der Zeit mehr und mehr auf diese innere Quelle und war auch immer weniger geneigt, über sie zu sprechen. Es war mir unangenehm, wenn mein Gegenüber mit aggressivem Enthusiasmus reagierte und man mich um Vorhersagen bat. Ich machte mir Sorgen, dass ich »Gott spielen« könnte. Was, wenn »sie« mir falsche Informationen gäben? Aber sie waren nicht falsch. Sie waren beunruhigend genau. Sie ließen mir Bilder vom Tumor einer Freundin zukommen. Wie konnte ich ihr verschweigen, was ich sah? Ich begann Sympathie für Kassandra zu empfinden, jene für ihr Vorherwissen verehrte und geschmähte Frau, die im Altertum als Orakel fungierte. Es war zunehmend klüger, die Dinge für mich zu behalten. Ich wollte nicht als Spinnerin bezeichnet werden oder als eine, die sich in anderer Leute Angelegenheiten einmischt. Ich wollte nicht »Gott spielen«. Ich begann, meine Lippen zu verschließen.

Meine inneren »Marschbefehle« schickten mich nach London, um dort ein Musical zu schreiben, ein seltsames, aber überaus erfolgreiches Unternehmen. »Sie« sagten mir, meine Ehe würde mit der Abreise meines Mannes ein abruptes Ende nehmen. Und es endete tatsächlich genau so, wie sie gesagt hatten. Sie sagten mir, welche Arbeit ich machen solle, wie sie aufgenommen werden würde und warum ich bestimmte Dinge machen sollte, obwohl diese nicht auf Akzeptanz stoßen würden. Sie schienen alles aus einer umfassenderen spirituellen Sicht zu sehen, als sie mir in meinem normalen Wachbewusstsein zur Verfügung stand. »Skywalk« nannte ich dieses Geschehen, denn es war, als erhielte ich ein Bild von meinem Leben aus der Satellitenperspektive. »Skywalk« konnte etwas kommen sehen, das ich auf meinem »Earthwalk«, meinem Erdengang, kaum vorhersehen konnte. Das führte zu Spannungen, wenn nicht sogar zu regelrechten Problemen. Wenn ich auf meine innere Führung, auf meine »Marschbefehle« hörte, konnte das dazu führen, dass ich dem Anschein nach sehr unberechenbare, oft vorbeugende Schritte unternahm.

»Warum machst du das?«, fragten mich dann meine Freunde.

»Warum nicht?«, lernte ich zu erwidern, statt auf meine innere Führung, auf ihre Verlässlichkeit, meine eigene Skepsis, meine Jahre des Austestens usw. zu sprechen zu kommen. Man könnte vorbringen, dass ich der Zurückhaltung den Vorzug gab, statt meinen eigenen Zweifeln Ausdruck zu geben. Ich entschied mich zu tun, was meine innere Führung mir empfahl, und das konnte ich dann auch ebenso gut möglichst schmerzlos tun. Und so wurde ich zur Leisetreterin. Und da bin ich nicht die Einzige.

Übung

Unsere spirituellen Erfahrungen und Interessen unterscheiden sich häufig von dem, was wir gewöhnlich als »spirituell-sozial akzeptabel« erachten. Besser, als zu viel glühenden Eifer in das Verfechten unserer Vorstellungen zu investieren, ist es manchmal, sozusagen in den Untergrund zu gehen, indem wir spirituelle Techniken entdecken und praktizieren, die für uns von Relevanz, aber potenziell kontrovers zu den Gepflogenheiten in unserem sozialen Umfeld sind.
Nehmen Sie einen Stift in die Hand, und beginnen Sie zu schreiben: Haben Sie spirituelle Interessen, die Sie eher verbergen, statt zu enthüllen?

1. Halten Sie Ihr spirituelles Leben unter Verschluss?
2. Glauben Sie heimlich an Dinge, die Sie öffentlich nie zugeben würden?
3. Haben Sie Freundinnen oder Freunde, die Sie an Ihrem geheimen spirituellen Leben teilhaben lassen?
4. Haben Sie Freundinnen oder Freunde, die Sie aufgrund Ihrer Erfahrung mit ihnen nicht in Ihr spirituelles Leben einweihen?
5. Kennen Sie eine Person, die ein spirituelles Geheimnis zu haben scheint?

Auf die spirituelle Art

Mir scheint, dass es eine Menge Konkurrenz im Namen der Spiritualität gibt. Ich nenne das »Mein Mantra ist besser als dein Mantra« oder »Mein Guru kann deinen Guru in die Tasche stecken«. Es ist dasselbe Konkurrenzdenken, das wir früher bei den Automarken hatten.

Nun, ich sage es Ihnen ja nur äußerst ungern (nicht wirklich!), aber früher oder später führen alle spirituellen Wege zum selben Spielplatz. Ich nenne das »Alle Wege führen nach Rom«, ich meine *Om*, ich meine *home*, ich meine *nach Hause*. Früher oder später scheint jedermann die Spielregel zu kapieren: Wir sitzen alle im selben Boot, also sei nett und benimm dich anständig. Nur dass dieses »Früher oder später« schrecklich lange dauern kann. Und in der Zwischenzeit machen wir diese Pubertätsphase durch, in der wir beweisen wollen, dass unser Guru besser in der Kurve liegt: »Ach ja? Dann lass mich dir mal zeigen, was Jesus draufhat!«

Und wir kommen ins spirituelle Pirouettendrehen. »Ich hatte am Samstag beim Meditieren eine ganz erstaunliche Erfahrung.« Oder: »Ich hielt den Skorpion wirklich lange auf der Hand, und da wurde mir klar ...« Oder: »Ich merke, dass ich spirituell viel besser drauf bin, wenn ich dieses wirklich erstklassige und teure Marihuana rauche.«

Natürlich bezeichnen wir das nicht schlichtweg als Angeberei. Wir nennen es »uns untereinander austauschen« und »uns etwas vermitteln«. Nur dass dieses »Austauschen« gewöhnlich eine Spur von »Bin ich nicht etwas ganz Besonderes?« an sich hat. Einmal bat mich eine Frau um ein Interview, um sich eine Meinung darüber bilden zu können, ob ich je eine »authentische« spirituelle Erfahrung gemacht hatte. Mir war, als wollte sie mich über meine Orgasmen ausfragen, um herauszufinden, ob es auch die »richtigen« waren. Und mein Instinkt sagte mir, dass ich

weder über das eine noch das andere ausgefragt und anschließend benotet werden wollte.
Und da wir nun schon mal beim Thema sind, würde ich sagen, dass spirituelle Erfahrungen *in der Tat* dem Orgasmus ähneln. Sie sind in jeder Form schön, und die meisten von uns schaffen es, ein paar davon zu haben. Vielleicht liegt es ja an mir, aber wenn ich die Leute so darüber reden höre, welche spirituellen Kicks ihnen ihre Lehrer verpassen, meine ich manchmal, sie damit prahlen zu hören, wie oft sie gekommen sind. Auf spirituelle Art, natürlich.

Übung

Viele von uns benutzen Spiritualität als Vehikel zur Steigerung des Selbstbewusstseins, und das kann peinlich wirken bzw. uns unbeholfen und steif, ja zuweilen auch großspurig werden lassen. Wir stellen unsere Spiritualität dann zur Schau, wie wir einen Nerzmantel tragen – nicht so sehr seines praktischen Nutzens wegen, sondern eher zur Unterstreichung unseres sozialen Status. Wir müssen sanft und mitfühlend mit uns selbst umgehen, wenn wir diese allzu menschliche Eigenschaft bei uns entdecken und abzulegen versuchen.

1. Reagieren Sie auf spirituelle Großspurigkeit empfindlich? Suchen Sie ein Symbol für diese Art von Snobismus in einem Magazin oder in einer Tageszeitung. Positionieren Sie es gut sichtbar in Ihrer alltäglichen Umgebung.
2. Führen Sie sich selbst in dieser Hinsicht großspurig auf? Wenn ja, schreiben Sie fünf Fälle auf.
3. Tun Ihre Freunde das? Erkunden Sie das, indem Sie es schriftlich formulieren. Konfrontieren Sie »es«, nicht die betroffenen Personen.

4. Haben Sie gelernt, Humor zur Entwaffnung spiritueller Großspurigkeit einzusetzen? Könnten Sie ein witziges »Anti-Spiritual« schreiben? Versuchen Sie's einfach mal.
5. Betrachten Sie spirituelle Großspurigkeit als eine weitere Form von Snobismus? Sie können diese Frage auch mit einer Collage oder in einem Sketch beantworten.

Buddhas grantige Anhänger

Ich möchte gerne wissen, warum Buddha lacht – oder zumindest so heiter lächelt – und die Buddhisten hierzulande so schrecklich ernsthaft sein können. Ich schaue mir diese fröhlichen kleinen Buddhafiguren an und denke mir: »Hat dieser Typ wirklich verkündet, dass Regel Nummer eins besagt, das Leben sei Leiden?« Kommt mir doch sehr unwahrscheinlich vor. Mir scheint, hier passiert, was gewöhnlich geschieht, wenn die Lehren eines spirituellen Führers in eine Religion übersetzt werden.

Denken Sie mal darüber nach. Vielleicht sagte Buddha in Wirklichkeit nicht: »Life is pain«, das Leben ist Schmerz, sondern: »Life is gain [ein Gewinn]«, und meinte damit, dass wir es alle mit jeder Runde besser machen, was meiner Meinung nach auch sehr wahrscheinlich der Fall ist. Vielleicht hat der Übersetzer, wer immer es war, statt des kleinen »g« ein kleines »p« gelesen, weil er gleichzeitig versuchte, einen Yogakopfstand zu machen. Und so kam er auf *pain* und auf »Das Leben ist Leiden«.

Wie Buddha selbst die Sache sah, weiß ich nicht, aber ich weiß, dass er sehr harte Jahre der Askese durchlebte, in denen er sich fast zu Tode hungerte. Vielleicht sagte er damals: »Das Leben ist Leiden«, bevor er wieder zur Vernunft kam, eine ordentliche Mahlzeit zu sich nahm und merkte, dass der tausendblättrige Lotos Wohlgeruch verbreitete und die Kobra ihn doch nicht biss. Vielleicht wurde er ab da fröhlicher, und dann hat ihn auch jemand porträtiert.

Das ist meine persönliche Theorie, aber ich scheue mich, sie meinen buddhistischen Freunden vorzutragen, denn sie würden mich dann sicher für unspirituell halten.

Ich weiß nicht, wie das mit Ihren buddhistischen Freunden ist, aber die meinen können ziemlich mürrisch und grantig sein.

Gewöhnlich schiebe ich das ihrem Schlafmangel zu, weil sie schon um fünf Uhr morgens aufgestanden sind, um ihre Sitzmeditation zu absolvieren. Mich würde das jedenfalls ziemlich griesgrämig machen. Doch manchmal frage ich mich auch, ob diese schlechte Laune für viele seiner Anhänger nicht Bestandteil des Buddhismus oder zumindest des Buddhismus im Abendland der Jahrtausendwende ist. Ich habe den Eindruck, dass die Leute, wenn sie sich auf den Buddhismus einlassen, häufig zugleich auch in Depression verfallen. Oder vielleicht verfallen sie erst in Depression und dann auf den Buddhismus. Dann meditieren sie stundenlang und sehen ihrem Geist wie beim Fernsehen zu, so wie alle anderen eben auch vor der Glotze sitzen, wenn sie deprimiert sind. Ich nehme an, der Unterschied ist lediglich der, dass du dir im Buddhismus deinen eigenen schlechten Film ansiehst, während du dir im Normalsterblichen-Amerika bzw. -Westen die reinziehst, die das Fernsehprogramm anzubieten hat. In beiden Fällen scheint es eine betäubende Wirkung zu haben, obwohl man das im Buddhismus »Nichtanhaftung« nennt.

Ich sage Ihnen, was mich an der »Nichtanhaftung« nervös macht. Es sieht so aus, als versuchten die Leute manchmal, sich von Dingen zu lösen, denen sie eigentlich ihre Aufmerksamkeit widmen sollten. Ihrem Mann, ihrer Frau und ihren Kindern zum Beispiel. Der Spruch »Kind stirbt, Blatt fällt vom Baum, selbe Bedeutung« mag zwar auf Dauer gesehen seine Richtigkeit haben, aber doch nur auf eine äußerst lange Dauer gesehen. Mir wird ziemlich unwohl, wenn die Leute sich mehr über ihre Anhaftungen Sorgen machen als über die Hausaufgaben ihrer Kinder. Ich habe den Verdacht, dass wir Gefahr laufen, uns so sehr für unsere vergangenen Leben zu interessieren, dass wir die Inkarnation, die wir hier alle gemeinsam verbringen, ganz verpassen.

Übung

Feierlicher Ernst, wenn es um die Spiritualität geht, kann ein Merkmal spiritueller Pubertät sein. Und wie es Entwicklungsphasen so an sich haben, ist es angenehm, ihnen zu entwachsen. Wir brauchen uns ebenso wenig feierlich ernsthaft zu gebärden, um spirituell zu sein, wie wir Zigaretten rauchen müssen, um erwachsen zu scheinen.

1. Sind Sie feierlich ernsthaft, wenn es um Spiritualität geht? Finden Sie ein Bild für Ihre eigene feierliche Ernsthaftigkeit.
2. Haben Sie gelernt, Gott nicht nur zu fürchten, sondern auch mit ihm zu lachen? Schreiben Sie fünf Scherze auf, von denen Sie glauben, dass Gott sie zu Ihrem Wohl veranstaltet hat.
3. Führen Sie einen Fall auf, bei dem Sie Gottes Sinn für Humor erlebten. Notieren Sie einen kurzen Dialog, in dem Sie mit Gott darüber sprechen.
4. Können Sie über Ihre spirituellen Unzulänglichkeiten lachen? Wenn nicht, »bekennen« Sie sich gegenüber einem Freund dazu.
5. Nehmen Sie neben Ihren spirituellen Mängeln auch Ihre spirituelle Weiterentwicklung wahr? Notieren Sie fünf kleine Schritte, die Sie weitergebracht haben.

Wut nach New-Age-Art

Ich weiß nicht, ob Sie schon einmal erlebt haben, dass so ein New-Age-Vertreter auf Sie wütend war. So etwas kann eine geradezu furchterregende Geschichte werden. Es fängt schon damit an, dass New-Age-Anhänger nicht an Wut glauben. (Ich vermute, sie halten die Tatsache, dass wir überhaupt wütend werden können, für einen Fehler Gottes.) Wut ist einfach ein bisschen zu hässlich und menschlich. Wenn Sie also aus Versehen den Zorn solcher Leute erregen, aktivieren Sie bei ihnen den »Ich-werde-es-transzendieren«-Ton. Andere haben diesen gewissen Ton in der Stimme, wenn sie säuseln: »Ich bin mir sicher, dass du es nicht weißt und auch nicht mit Absicht tust, aber du stehst auf meinem Fuß.« Was sie sagen und was sie meinen, sind zwei völlig verschiedene Dinge.

Wut à la New Age maskiert sich gewöhnlich als stille märtyrerhafte Akzeptanz. Dann wird irgendetwas spirituell Korrektes geäußert wie zum Beispiel: »Ich nehme an, du musst tun, was du tun musst, und natürlich musst du dich um die Nummer eins kümmern, nicht wahr?« Und noch bevor Sie Zeit hatten, sich zu fragen, ob das vielleicht ein kleiner Seitenhieb gewesen sein sollte, fahren sie in ihrer Transzendenzrede fort: »Natürlich werden wir alle an dich denken und dir alles Gute wünschen, und wir alle …« Dabei haben Sie doch nur gesagt, dass Sie wegen einer geschäftlichen Verpflichtung nicht zu seiner Party kommen können.

Wut auf New-Age-Art kann sich ziemlich gemein und schmutzig äußern. »Ich bin sicher, du bist dir sicher, dass du das Richtige tust, weil wir nie wollten, dass du etwas tust, das nicht im Einklang mit deinen höchsten Zielen steht.« Bis zu diesem Zeitpunkt war Ihnen möglicherweise noch nicht klar gewesen, dass es bei dieser Dinnerparty um den Weltfrieden geht, aber allmählich begreifen Sie, dass an Ihrem Eintreffen zum Nachtisch das Schicksal ganzer Nationen hängt. Da sagt dann Ihr Gegenüber gerade, dass Sie die Einladung ablehnten, um Ihre Integrität zu wahren. Sie fragen sich, wie denn nun Ihre Integrität ins Spiel gekommen sein mag, während die andere Person jetzt versteckt auf Ihre bedrohte Gesundheit anspielt: »Pass gut auf dich auf. Ich bin sicher, wir werden dich schon eines Tages zu Gesicht bekommen. Wenn du einmal weniger beschäftigt bist ...« Nunmehr sind Sie weitgehend davon überzeugt, dass Sie Tschernobyl verursacht haben. Oder vielleicht »nur« die Valdez-Umweltkatastrophe. Auf jeden Fall haben Sie ganz gewiss etwas Schreckliches angestellt, denn sonst würde diese Person nicht in diesem tödlich ruhigen Ton mit Ihnen reden, in dem andere Leute sagen: »Geh ganz langsam weiter und gerate nicht in Panik. Da ist eine riesige Kobra hinter dir.«

Übung

Humor gibt uns unsere Perspektive zurück. Zu lernen, die Leute als Schauspieler zu sehen, lindert unseren Schmerz.

1. Waren Sie schon einmal das Opfer einer Wutattacke nach New-Age-Art? Schreiben Sie das in einer Dialogszene nieder.
2. Erlauben Sie sich, die Wahrheit zu erkennen, wenn jemand wütend ist, aber so tut, als wäre er es nicht? Fragen Sie einen Freund, ob er Ihre Einschätzung bestätigen kann.
3. Sind Sie imstande, etwas ganz direkt zu sagen, wenn Sie sich mit Wut nach New-Age-Art konfrontiert sehen? Schreiben Sie auf, was Sie in einem speziellen Fall sagen würden.
4. Haben Sie eine Technik entwickelt, um sich von den toxischen Nachwirkungen des Ärgers und der Wut anderer

Menschen zu reinigen? Versuchen Sie's mit einem Spaziergang, einem Bad, einer Koch-Orgie.

5. Haben Sie gelernt, zur Reinigung und Klärung der Atmosphäre Humor einzusetzen? Versuchen Sie sich an einer Komödie als ein Gegengift zum Groll.

Realität

Zu den Dingen, die mich auch in spiritueller Hinsicht wirklich verblüffen, gehört unsere allgemeine Vorstellung, dass schlechte Nachrichten irgendwie realer sind als gute. Haben wir das von CNN gelernt? Irgendwann kamen wir irgendwie auf den schrägen Gedanken, dass die Welt, betrachtet man sie mit spirituellen Augen, ein Übermaß an Schmerz und Leiden aufweist und einen erheblichen Mangel an Freude und Ekstase. Nimmst du die guten Dinge wahr, bist du »naiv« oder »weltfremd«, nimmst du die schlechten Dinge wahr, bist du »realistisch«. Das erinnert mich daran, dass düstere und deprimierende Dramen über das ausgedehnte Sterben Krebskranker preisverdächtig sind, großartige romantische Komödien hingegen nicht.

Ich denke, dass wir auf spiritueller Ebene oft nicht anders reagieren als die Nachrichtenredakteure, wenn ihnen etwas Fröhliches vorgelegt wird. »Das ist keine Story!«, fauchen wir. »Wir nehmen das mit dem brennenden Gebäude und den Todesschreien.« Nun will ich nicht sagen, dass brennende Gebäude und Todesschreie nichts Reales sind. Aber ich sage, dass Freude und Schönheit ebenso real sind. Wir konzentrieren uns gern aufs Drama und lassen die seelenvollen und ergreifenden Geschichten außen vor. Die herzerwärmenden und heiteren Dinge haben nicht genug Schlagkraft, um es bis in unsere Nachrichtensendungen zu schaffen.

Ich habe eine Freundin, die ich »Trübsal-Diane« nenne. Sie ist Heilerin, aber wenn ich mit ihr spreche, hört sie sich wie die Verwundung in Person an. Spricht sie auf meinen Anrufbeantworter, geht es meist um ihre Erschöpfung und langmütige Pietät angesichts unwahrscheinlicher Widrigkeiten. Derweil lebt sie auf einer fröhlichen kleinen Ranch mit Lämmchen und Himbeersträuchern und großen schneeweißen Eulen und rotschwänzigen Habichten und frechen Waschbären. Wenn man ihren Soundtrack dazu hört, muss es die reine Hölle sein. Sie mag Freude empfinden, erwähnt das aber mit Sicherheit nie. Sie nimmt ihre spirituelle Berufung sehr ernst und schaltet entweder auf Märtyrerin oder Heilige.

Ich habe auch einen Freund, der, sobald ich Hunde und Blumengärten erwähne, mich anfährt, dass ich in »Martha Stewarts blühendem Garten der Spiritualität« lebe. Die Anspielung auf diese Autorin finde ich ziemlich lustig, und so brachte ich es noch nicht übers Herz, ihm zu sagen, dass auch das Paradies ein Garten war. Die Tatsache, dass du die Rosen bemerkst, bedeutet nicht, dass dir die Schlange und die sich windenden Würmer und die stinkende Scheiße, die man zur Düngung benutzt, entgehen. Es bedeutet einfach, dass du die Rosen zur Kenntnis nimmst.

Mit anderen Worten, letztlich kommt es darauf an, worauf wir uns konzentrieren und warum. Wenn wir alles Negative außen vor lassen, verschließen wir uns der Realität. Wenn wir alle Freude außen vor lassen, verschließen wir uns ebenfalls der Realität. Wenn wir nur unsere gesetzten und ernsthaften und pflichtbewussten Seiten hervorkehren, schwindeln wir genauso, wie wenn wir nur die Zuckergussseite unseres Lebens präsentieren. Jackie Kennedy Onassis rauchte wie ein Schlot, setzte aber durch, dass kein Foto von ihr veröffentlicht wurde, das sie mit Zigarette zeigte. Sie wollte ein rauchfreies Lady-Jacqueline-Image propagieren. Ich denke, wir wären alle mit der Realität zurechtgekommen. Ich glaube, sie ist ein durchaus bewohnbarerer Ort, als die Leute uns gemeinhin glauben machen wollen.

Übung

Ein spirituelles Leben besteht aus Wahlmöglichkeiten. Treffen Sie solche Entscheidungen, die Sie nähren. Kombinieren Sie Innenschau und Aktivität in der Außenwelt. Schreiben Sie zuerst und schreiten Sie dann zur Tat.

1. Zählen Sie fünf Dinge auf, die in Ihrem gegenwärtigen Leben erfreulich und vergnüglich sind. Machen Sie dann eins davon.
2. Zählen Sie fünf Dinge auf, die in Ihrem gegenwärtigen Leben schwierig und anstrengend sind. Meiden Sie dann eins davon.
3. Zählen Sie fünf Personen auf, die Ihnen in Ihrem gegenwärtigen Leben Freude und Vergnügen bereiten. Treten Sie mit einer davon in Kontakt.
4. Zählen Sie fünf Personen auf, die Sie in Ihrem gegenwärtigen Leben schwierig und anstrengend finden. Meiden Sie eine davon.
5. Zählen Sie fünf Aktivitäten auf, die Sie sich zentriert, glücklich und geerdet fühlen lassen. Wählen Sie eine aus und machen Sie sie.

Sex

Gott erfand den Sex. Alles davon. Alle Stellungen, auch die verrückten, von denen wir dachten, wir hätten sie selbst erfunden. Gott erschuf die Teile, die so zusammenpassen, wie sie es tun. Und all die Möglichkeiten des Zusammenpassens.

Gott wusste, dass uns das langsame, aneinander geschmiegte Tanzen gefallen würde. Und das aufreizende Tanzen. Und der afrikanische Tanz und das Herumwirbeln, wie es die Sufis tun, sodass man die Höschen sehen kann. Gott hat das alles nicht geniert. Ich meine nicht, dass Gott uns zugeschaut hat wie bei einem Pornofilm, aber dass Gott sozusagen an der ganzen Sache beteiligt war.

Gott erfand das Kindermachen. Gott erfand das Bumsen. Gott erfand Hintern und Busen – und ein paar andere bewegliche Freudenfeste. Ich frage mich, wie es kam, dass uns das alles nun so verlegen macht. Ich möchte wissen, wer entschieden hat, dass Gott prüde ist. Und wer auf die Idee kam, dass Gott uns lieber hätte, wenn wir so etwas Schönes aufgeben würden.

Wäre das nicht ein bisschen so, wie wenn wir ein wirklich großartiges Geburtstagsgeschenk ablehnten? Ich frage mich, was Gott wohl von denen hält, die es ihm mit einem »Nein, danke« zurückgaben. Ich weiß, die Theorie besagt, dass sie auf diese Weise Gott näher kommen werden, aber wollte Gott denn ihnen näher kommen? Ich persönlich nehme es ein wenig übel, wenn jemand etwas Schönes, das ich für ihn besorgt habe, ablehnt. Ich will damit nicht sagen, dass Gott wie ich ist oder ich wie Gott bin – doch Jesus Christus und ich, wir haben die gleichen Initialen, J. C., und womöglich war Gott doch nicht allzu riesig erfreut darüber, als wir beschlossen, »Danke, aber nimm's wieder an dich« zu sagen.

Vielleicht haben wir, als wir entschieden, dass wir den Sex aufgeben sollten, damit einen Teil Gottes aufgegeben. Ich denke, ich könnte hier auf etwas gestoßen sein. Kennen wir nicht das Klischee von der Hure mit dem Herz aus Gold? Vielleicht hat sie nicht etwas Unrechtes, sondern etwas Richtiges getan. Es wäre immerhin möglich.
Mir ist aufgefallen, dass eine Menge Leute, wenn sie bumsen, aufgeräumter wirken und netter und weniger übellaunig sind. Bei mir ist das ganz entschieden so. Ich will nicht sagen, dass ich im Bett großartig bin – okay, ich bin's –, meine aber, dass großartiger Sex oder manchmal auch, wenn er nur so lala ist, dich glauben lassen kann, dass es einen Gott gibt und du gerade in den Himmel aufgefahren bist.

Übung

Beantworten Sie zunächst die Fragen schriftlich. Dann gehen Sie in Teil zwei aus Ihrem Kopf heraus in Ihren Körper.

Teil eins
Ich zögere zu sagen, dass die Sexualität unser speziellster spiritueller Bereich ist, aber so verhält es sich nun mal.

1. Trennen Sie Sexualität und Spiritualität voneinander?
2. Hatten Sie je eine sexuelle Erfahrung mit spiritueller Komponente?
3. Assoziieren Sie sexuelle Enthaltsamkeit mit Tugendhaftigkeit?
4. Halten Sie Sexualität für ein spirituelles Geschenk?
5. Können Sie Gott feiern, indem Sie Ihrer Sexualität Ausdruck geben?

Der Körper ist ein wundervolles spirituelles Empfangsgerät. Viele spirituelle Traditionen erkennen das an und entwickelten ausgeklügelte und nachhaltige Praktiken, um unsere Empfänglichkeit für die vom Körper übermittelten spirituellen Informationen zu läutern und zu steigern. Yoga, tantrischer Sex, Visionssuche, Walkabout, afrikanischer Tanz – all diese Techniken bedienen sich des Körpers, um die Pforte zur spirituellen Wahrnehmung zu öffnen. Wie wohl klar sein dürfte, kann diese Pforte sowohl durch Askese wie durch Freude geöffnet werden. Mit anderen Worten, Praktiken wie das Fasten bringen Sie vielleicht schneller dorthin, aber wenn Sie es langsamer und sanfter angehen, kommen Sie gemächlich und auf Ihre eigene Weise mit Sicherheit ebenfalls dort an. Also gehen Sie sanft mit sich um. Seien Sie zärtlich zu sich. Seien Sie körperlich auf eine Weise, die Sie entzückt. Vielleicht möchten Sie:

1. in der Sonne liegen,
2. sich im Friseursalon die Haare richten lassen,
3. sich eine Fußmassage gönnen,
4. am Strand spazieren gehen,
5. aufs Land fahren und dort einen Spaziergang machen,
6. Unterricht in afrikanischem Tanz nehmen,
7. sich massieren lassen,
8. Marshmallows rösten und Ihre Zehen am Feuer wärmen,
9. Rad fahren,
10. Ihren Hund ausführen,
11. den Hund einer Freundin ausführen,
12. sich neue Socken kaufen,
13. ein Schaumbad nehmen,
14. einen Fußball kicken,
15. fünf schöne Steine sammeln,
16. Achterbahn fahren,

17. Rollerblade fahren,
18. Yogaunterricht für Anfänger nehmen,
19. zum Tanzen gehen oder
20. eine Kassette mit Trommelmusik einlegen und sich von den Rhythmen bewegen lassen.

Spitzenunterwäsche

Für mich sind Sexualität, Spiritualität und Sinnlichkeit miteinander verbunden. Da bin ich aber nicht die Einzige. Eine meiner Freundinnen zum Beispiel ist eine bekannte spirituelle Heilerin. Kürzlich musste sie sich einer Rückenoperation unterziehen. Ich rief sie an, um zu erfahren, wie sie mit ihrer Genesung vorankam.

»Wie geht's dir?«, fragte ich.

Sie gestand, dass es ihr elend ging. Sie hatte unter sehr viel Schmerzen zu leiden.

»Ich schicke dir mein spirituelles Lieblingsmittel gegen den Schmerz«, sagte ich ihr.

»Und was ist das?«, erkundigte sie sich mit schwacher Stimme und erwartete zweifellos irgendetwas mit Bachblüten oder vielleicht ein stärkendes Gebet.

»Rote Spitzenunterwäsche«, erwiderte ich. »Sie ist einfach unvergleichlich.«

Meine Freundin lachte. »Da bin ich ganz deiner Meinung«, gab sie kichernd zur Antwort. »Und um dir die Wahrheit zu sagen, habe ich gerade eine Quelle für exquisite, sündhaft teure Spitzenunterwäsche ausfindig gemacht, die mir perfekt passt und die ich übers Telefon bestellen kann. Ich habe eben ein Vermögen dafür ausgegeben. Ganz zweifellos hebt gute Spitzenunterwäsche meine Stimmung mehr als fast alles andere, das mir dazu einfällt.« Wir lachten beide, als wir auflegten.

Ob wundervolle Boxershorts aus reiner Baumwolle dieselbe Wirkung auf einen Mann haben würden, weiß ich nicht. Aber ich weiß, dass eine Spiritualität, die einem sexuellen und sinnenhaften Element Raum gibt, viel zur Heilung der bei uns »Westlern« chronisch bestehenden Kluft zwischen Körper und Seele beitragen könnte. Körperlichkeit und Spiritualität sind untrennbar miteinander verbunden, nur nicht in unserer Gesellschaft.

Ich weiß nicht, wie wir davon abkamen. Vielleicht ging dieser Aspekt über Bord, als die Pilgerväter den Atlantik überquerten. Im Gegensatz zu den Sufis, die in wirbelnden Röcken das Tor zu Gott erblicken, waren unsere puritanischen Vorfahren davon überzeugt (und manche Fundamentalisten sind es immer noch), dass Tanzen des Teufels ist.

In den afrikanischen und indianischen Kulturen ist es üblich, sich über das Tanzen in spirituelle Ekstase zu versetzen. Die australischen Ureinwohner beten beim Walkabout. Schamanen unternehmen unter härtesten Bedingungen Wanderungen im Urwald. Jeder erfahrene Marathonläufer wird Ihnen sagen, dass das erfolgreiche Beenden eines solchen Laufs einer spirituellen Erfahrung gleichkommt. Joseph Campbell sprach am Ende seines langen Lebens davon, dass zu seinen spirituellen Gipfelerlebnissen bestimmte Augenblicke in seiner Jugend gehörten, als er ein Schnellläufer war.

Wir haben Körper und Seele voneinander getrennt und wundern uns nun, warum wir eine Abwesenheit Gottes empfinden. Wir sind uns sicher, dass er nicht im Körper, diesem minderwertigen Tempel, zu finden ist, und vergessen dabei Christi Inkarnierung als Mensch. Wir suchen Gott im Reich der Geistes und der Seele und lassen unseren Körper hinter uns. Es gehört zu den wesentlichen ignorierten oder verborgenen Tatsachen unserer Kultur, dass Gott über unsere Körperlichkeit gefunden werden kann.

Ich wurde bei den Barmherzigen Schwestern, das heißt bei den Sisters of Mercy und den Sisters of Charity, bei den Karmelitern und bei den Jesuiten erzogen. Das war so hochprozentige geistige Geistlichkeit, dass sie praktisch körperlos war. In jenen Tagen waren Nonnen und Mönche in derart unförmige Gewänder gehüllt, dass von ihrer menschlichen Gestalt nur das Gesicht zu sehen war. Ich weiß noch, wie in unserer siebten Klasse die

Wellen der Erregung hochschlugen, als Schwester Mary Carl gestand, dass sie in ihrer Jugend Meisterschaftsturmspringerin gewesen war. Eine Nonne! Im Badeanzug! Auf einem Sprungbrett! Wir waren entsetzt und begeistert zugleich. Ich erinnere mich, dass ich mich dann ein paar Jahre später, in der den Karmelitern angeschlossenen High School für Mädchen, zu meinen Klassenkameradinnen am Rande des Basketballfelds gesellte und zuschaute, wie die jungen Priester ihre Finten und Angriffe ausführten, wie sich plötzlich aus den fließenden Falten einer Mönchsrobe ein muskulöser Arm nach oben streckte, um den Ball in den Korb zu befördern. Seufz. In jenen Tagen schienen alle Priester gut auszusehen, mit Sicherheit aber Vater David, Vater Elliot, Vater Finton, Vater Brian und Vater Chester. Der Akt der Auswahl eines Beichtvaters hatte etwas schwärmerisch Intimes. Körperlichkeit und Spiritualität lagen Kontinente weit auseinander und waren doch untrennbar miteinander vermischt. Ich denke, so soll es auch sein.
Bette Midler sagte einmal: »Gebt mir die richtigen Schuhe, und ich kann alles spielen.« Mir ergeht es ebenso mit der Spitzenunterwäsche. Wie auf den wundervollen alten Vassarette-Lingerie-Werbeanzeigen zu lesen stand: »Manchmal braucht eine Frau einen kleinen unfairen Vorteil.« Für mich ist Spitzenunterwäsche eine festliche, spirituelle Spielerei. Gott und ich, wir beide wissen, dass ich Rot trage.

Übung

Geist und Seele drücken sich durch unseren Körper aus. Körper und Seele sind eine geheiligte Energie. Verbinden Sie Körper und Seele, indem Sie etwas Nährendes für Ihren Körper tun. Kaufen Sie irgendein himmlisches Etwas. Das ist der Augenblick hohen Selbstwertgefühls. Kaufen Sie sich einen im Preis heruntergesetzten Pyjama aus chinesischer Seide. Sehen Sie sich nach einem japanischen Kimono aus weichem Baumwollstoff um. Bestellen Sie telefonisch einen kuscheligen Flanellpyjama. Finden Sie irgendetwas, das Sie wie ein Liebhaber umarmt und Sie sich geliebt fühlen lässt. Es muss nicht teuer, aber es sollte wertvoll für Sie sein.

Glauben

Ich glaube an ein komplexes, allseits vernetztes und uns unterstützendes Universum. Ich glaube, dass unsere Wünsche Gebete sind und dass diese Gebete beantwortet werden, wenn wir willens sind, die Antwort wahrzunehmen. Ich glaube nicht, dass ich das glaube, weil ich leichtgläubig bin.

In den meisten Kulturen ist der Glaube an die Existenz von höheren Mächten, die unseren Zielen gegenüber freundlich gesinnt sind und sich für uns einsetzen, von absolut zentraler Bedeutung für das spirituelle Leben. Engelhafte Wesen durchschwirren die Seiten der Thora, der Bibel, der Upanischaden, sogar im Buddhismus findet man sie. Auf unserem Planeten sind die Gläubigen gegenüber den Nichtgläubigen in der Überzahl, doch der Glaube an spirituelle Hilfe und Unterstützung kann schwer zu erlangen sein.

Niemand von uns vertraut immer und vollkommen und in perfekter Weise. Alle von uns kämpfen mit den Beweisführungskünsten unseres skeptischen und unseres spirituellen Selbst. Woher käme sonst das Gebet »Vater, ich glaube, hilf mir wegen meines Unglaubens«? Heilige und Mystiker rangen mit der dunklen Nacht der Seele, jener Zeit der Verzweiflung, in der sie mit Sicherheit »wussten«, dass sie verlassen worden waren: Wir vergessen, dass auch die großen Gläubigen unter Unglauben zu leiden haben. Wir schämen uns, wenn unser Glaube ins Wanken gerät. Wir wollen dauerhaft, gemütlich und ein für alle Mal glauben. Ich glaube nicht, dass es so funktioniert.

Die Schatten des Zweifels sind Bestandteil der spirituellen Erfahrung. Wir alle werden von ihnen heimgesucht. Priester, Nonnen, Rabbis, Lehrer der Metaphysik und Channels – sie alle gestehen, dass sie Zeiten der Dunkelheit durchlebten, in denen sie an der von ihnen selbst verbreiteten Botschaft zweifelten.

Glaubend glaubten sie nicht. Nicht glaubend, glaubten sie doch. Auch die Menschen, die schon über eine langjährige spirituelle Erfahrung verfügen, finden es manchmal schwierig – ja zuweilen unmöglich –, der Führung zu vertrauen, um die sie gebeten und die sie auch erhalten haben.

Es ist der Manifestationsprozess, der des Glaubens bedarf. Vor fünf Jahren kam mir mein Musical »Avalon« in Form einer spirituellen Diashow zu – vollständig und klar in allen Details. Musik und Texte strömten in mich ein. Die Charaktere sprachen zu mir, die Szenen entfalteten sich, und alles geschah mit solcher Rasanz, dass ich kaum mithalten konnte. Das Tempo und der ganze Umfang und Rahmen dessen, was ich da materialisieren sollte, brachten mich ins Schleudern. Ich sah das »Was« von »Avalon« ganz deutlich. Aber das »Wie« ließ mich erschauern. Ich war keine ausgebildete Musikerin. Wie sollte ich die in meinem Kopf erklingenden Melodien zu Papier bringen? Ich erfand ein Notationssystem; es funktionierte ganz gut. Aber wie nun meine Notation in Musik übertragen? Wie sollte ich – wie sollte ich, wie sollte ich …?

Wie viele andere Künstlerinnen und Künstler zu allen Zeiten immer wieder erfahren haben, erlebte auch ich, dass das »Wie« kommt, wenn man es braucht, und stets beharrlich hinter dem »Was« einherhumpelt. Der Trick, den Weg zu finden, besteht darin, zu glauben, dass ein Weg existiert. Der Glaube selbst scheint den Weg zu erschaffen.

Wir leben in einer vernetzten Welt. Wir sind das »Netz des Lebens«, wie die Indianer sagen. Wenn wir uns nicht als vereinzelte Individuen, sondern als Teil des größeren Ganzen betrachten, sind wir nicht mehr stets so verwundert, wenn unsere Bitten um die Erfüllung unserer spezifischen Bedürfnisse anscheinend erhört werden. Vielleicht ist es tatsächlich so.

Die spirituelle Lehrerin Sonia Choquette schlägt den Zweiflerinnen und Zweiflern vor, ein Journal zu führen, in dem sie ihre

Fälle von Glück und Zufall bzw. Synchronizität* notieren. Solche Journale sind »gefährlich«. Sie überzeugen uns davon, dass Gebete erhört werden können. Sie überzeugen uns davon, dass letztendlich doch für uns gesorgt wird.
»Es stimmt, dass es passiert« – das ist eine präzise Zusammenfassung meiner eigenen Erfahrungen.

Experiment

Wir beten und bitten oft um innere Führung, Hilfe und Unterstützung, erhalten sie – und tun es dann als Zufall ab. Wir praktizieren eine Art spirituelle Amnesie. Wir sagen zwar, dass wir einen Gott wollen, der uns seine Aufmerksamkeit schenkt, aber wenn er es dann tatsächlich zu tun scheint, scheuen wir davor zurück, das »Gott« zu nennen. Die spirituelle Lehrerin Machaelle Wright empfiehlt, dass wir alle eine spirituelle Autobiographie schreiben und die Wendepunkte in unserem Leben aufspüren, an denen uns Gott oder eine höhere helfende Hand in die richtige Richtung schubste. Vielleicht möchten Sie sich an solch eine Aufgabe machen, aber wenn Ihnen ein derartiges Unterfangen zu erschreckend erscheint, können Sie es auch erst mit einer Miniaturversion versuchen.
Kaufen Sie sich einen preiswerten Ringbuchblock. Protokollieren Sie alle Fälle von Synchronizität oder möglicher höherer Führung. Setzen Sie diese Praxis einen ganzen Monat lang fort.

* Das kausal nicht erklärbare, aber sinnvolle zeitliche Zusammentreffen psychischer und physischer Vorgänge.

Schule

»Das Leben ist eine Schule, und wir sind hier, um an uns zu arbeiten«, bekommen wir von manchen spirituellen Lehrern erzählt. »Bei allem geht es immer um die Lektionen – Lektionen, Lektionen, Lektionen!«

Wenn das Leben eine Schule ist, dann möchte ich in eine Montessori- oder eine Waldorfschule. Das sind Schulen, in denen das Lernen als Nebenprodukt dessen abfällt, wofür man sich interessiert oder von dem man fasziniert ist. Das Lernen als Form von Gehorsam hat immer die Rebellin in mir zum Vorschein gebracht. Unser Pech, dass wir eine spirituelle Tradition mit einem kleinkarierten Gott haben, der übermäßig an Gehorsam interessiert ist: »Ich habe euch gesagt, dass ihr diesen Apfel nicht essen sollt ...!«

Mit Blick auf die physische Welt scheint mir aber, dass wir es mit einem Schöpfer zu tun haben, der am Lernen weitaus interessierter ist als an Lektionen. Die Gärten in meiner Nachbarschaft weisen locker an die hundert Rosenarten auf – und nicht eine trägt den Stempel »Lektion abgeschlossen«. Stattdessen offenbart sich Garten um Garten, Rose um Rose, die berauschende Freude Gottes. Um wie vieles freudvoller und nachsichtiger diese Sichtweise doch ist!

»Wir alle kommen als Kind zur Welt. Der Trick ist, wie man es bleibt«, riet uns Picasso.

Ganz eindeutig bewahrte sich auch der große Schöpfer ein kindliches Entzücken an der Schöpfung und am Wiedererschaffen. Jedem Exemplar der Flora und Fauna – der Tigerlilie, dem rotkehligen Kolibri – wohnt in seinem ekstatischen Design etwas Fröhliches und Heiteres inne. Was sind ein Zebra oder eine Giraffe anderes als ein wunderbar ausgelassener künstlerischer Scherz?

Joseph Campbell riet uns, »unserer Wonne zu folgen«, wenn wir ein sinnvolles Leben führen möchten. Doch die meisten von uns haben das Gefühl, dass uns das nicht erlaubt ist, weil wir an der Vorstellung von einem schulmeisterlichen Gott kleben. Man mag es unserem rudimentären Puritanismus zuschreiben, aber der Gedanke, dass Spiritualität ebenso viel Freude wie Pflichten bedeuten kann, erfüllt uns mit Misstrauen.

Daniel, ein guter Freund von mir, hat sich eben wieder neu erfunden. Nachdem sie dreißig Jahre in Boulder, Colorado, gelebt hatten, sind er und seine Frau nun auf die winzige Orcasinsel vor der Küste Washingtons gezogen. Seine Berichte sind von Erstaunen erfüllt. Segen kam auf großen und unbeholfenen Schwingen in sein Leben gesegelt wie der große Reiher vor einer Woche oder der riesige Adler, der sich heute am frühen Morgen geradewegs über ihm aufflatternd in die Lüfte schwang.

»Meine Frau ist wie ein kleines Mädchen und so glücklich, dass wir nun *daheim* sind«, berichtet er. »Daheim«, das ist eine winzige Gemeinde, in der die Regale in den Läden mit selbst gebackenen Kuchen, selbst eingekochten Marmeladen und Gelees gefüllt sind. Die Inselluft ist feucht und erfüllt vom Geruch des üppigen Blattwerks der großer Bäume.

»Wir leben in der fruchtbringenden Leere«, sagt mein Freund beglückt und überrascht vom Mumm, den er und seine geliebte Frau an den Tag gelegt hatten. Die beiden hatten sich schon bald ein ganzes Jahrzehnt wegen der zunehmenden Kommerzialisierung in Boulder fehl am Platz gefühlt. Das Leben dort war eine Lektion, die sie wohl nicht bestehen würden – bis sie die Ohren spitzten und den Ruf der Wildnis vernahmen, der sie nach Westen und Norden zog.

»Wir wurden hierher gerufen«, sagt mein Freund, und seine Stimme bricht vor verwundertem Staunen.

Um diesem Ruf folgen zu können, bedurfte es nur der Bereitschaft, die Vorstellung von einem schulmeisterlichen Gott aufzugeben, der ihnen einen schwierigen Pflichtkurs in Boulder auferlegt hatte.

Das Leben verläuft nicht linear. Es gibt keinen festgesetzten Lehrplan, den wir nur unter Gefahr für uns ignorieren können. Wir sind nicht so sehr mit Lektionen als vielmehr mit Gelegenheiten konfrontiert, mit kleinen und großen Momenten der Wahl und Entscheidung. Wir müssen bewusst wählen, gut und verantwortlich reagieren, innovativ und furchtlos sein, auf die innere Stimme hören, die uns zuflüstert: »Nimm diesen Weg. Das könnte funktionieren.« Manchmal drängt uns diese Stimme auch dazu, uns auf unbekanntes Gelände vorzuwagen. Wir geben das bekannte Curriculum auf, setzen die Segel und nehmen Kurs in Richtung unserer Träume. Das ist ein beängstigendes, aber spannendes Unterfangen. Wir lernen sowohl vom Unbekannten und Rätselhaften als auch vom Meisterlichen. Wenn es eine »Lektion« gibt, dann die, wie sie von André Gide formuliert wurde: »Man entdeckt keine neuen Länder, ohne bereit zu sein, das Ufer für sehr lange Zeit aus den Augen zu verlieren.«

Übung

Lassen Sie uns uns als Erstes, statt auf unsere spirituellen Schwächen, auf unsere spirituellen Leistungen konzentrieren. Hier geht es nicht um Eitelkeit, sondern um eine genaue Einschätzung unserer spirituellen Grundlage. Dies ist eine sehr persönliche und spezielle Übung. Greifen Sie zum Stift, und zählen Sie, von eins bis fünfundzwanzig, Aktivitäten auf, die Sie als respektable Leistungen einstufen, zum Beispiel:

1. Ich halte Kontakt mit meiner Familie.
2. Ich bezahle meine Rechnungen.
3. Ich lüge weniger als früher.

4. Ich habe das Rauchen aufgegeben.
5. Ich arbeite freiwillig bei einem Programm zur Bekämpfung des Analphabetentums mit.
6. Bei unseren Zwölf-Schritte-Treffen staple ich die Stühle und helfe beim Aufräumen.
7. Ich recycle.
8. Ich lasse meine Haustiere kastrieren bzw. sterilisieren.
9. Ich verschenke selbst gebastelte Glückwunschkarten.
10. Ich bin Mitglied der Elternvereinigung.
11. Ich bin Mitglied einer Fahrgemeinschaft.
12. Ich bin eine gute Köchin.
13. Ich halte das Badezimmer sauber.
14. Ich gehe täglich mit meinen Hunden spazieren.
15. Ich besuche meinen Vater, obwohl er mich nicht mehr erkennt.
16. Ich schicke meinen Kindern E-Mails.
17. Ich bete für meine Freunde.
18. Ich gebe Kleider an die Caritas.
19. Ich tippe gut.
20. Ich zahle anständige Löhne.
21. Ich mache Familienfotos.
22. Ich helfe *wirklich* bei der Hausarbeit.
23. Ich mache spirituelle Readings.
24. Ich ziehe als Sternsinger von Haus zu Haus.
25. Ich höre meinen Kindern achtsam zu.

Humor

In Indien kennt man Heilige, die, von ihrer Liebe zu Gott berauscht, ausgelassen Rad schlagen. Man sagt dann, dass sie »gottverrückt« sind, und begegnet ihrem bizarren Verhalten mit Akzeptanz und vielleicht auch einer Spur Neid. Die überschwängliche Ausgelassenheit im Namen Gottes hat eine stolze Tradition – nur nicht bei uns. So ist die ekstatische mystische Dichtung eines Rumi oder Kabir von spiritueller Sinnlichkeit durchtränkt. Spirituelle Ekstase ist ein berauschender Zustand. Und nichts weniger als ein Von-Gott-trunken-Sein vermag hier zu befriedigen.

Die westliche Spiritualität hingegen kann sehr ernst und düster sein. Rad schlagen auf der Wiese kommt für uns nicht infrage. Nein. Für uns ist die Spiritualität eine ernste Angelegenheit, und in vielen spirituellen Kreisen wird Humor schief angesehen. Humor hat schließlich etwas Anarchistisches an sich, und Anarchie wirkt sich verheerend auf die Kontrollfähigkeit und Beherrschung aus. Und da vieles von dem, was unserer Vorstellung nach Spirituellsein bedeutet, von dieser Kontrollfähigkeit und Beherrschtheit abhängt, ist Humor der Feind. Mangelnde Ungezwungenheit ist ein deutliches Merkmal spiritueller Pubertät. Der Guru lächelt und scherzt. Die schmallippigen Schüler verziehen das Gesicht zur Grimasse, wenn das Protokoll verletzt wird, wenn einem auch nur ein kleiner menschlicher Fehler unterläuft. Sie sind die Torwächter. Der heitere Guru befindet sich sicher im Innern hinter dem Tor.

In unserem vorherrschend jüdisch-christlich geprägten spirituellen Erbe fehlt ganz auffällig die Gestalt des »heiligen Narren«. Für uns ist die Spiritualität etwas Todernstes. Im Gegensatz dazu betrachteten die Indianer die Anwesenheit des Tricksters oder Clowns bei Ritualen oder geheiligten Festen als absolut unentbehrlich.

»Gelächter verjagt den Teufel«, sagt die spirituelle Lehrerin Sonia Choquette. Da das stimmt, sollte man meinen, dass wir in spirituellen Kreisen mehr lachen. Und wenn wir es tatsächlich tun, ist diese spirituelle Gesundheit ansteckend.
Als ich Schülerin in der Carmel High School für Mädchen in Mundelein, Illinois, war, gehörte Schwester Mary Elizabeth, B. V. M., zu unseren Lieblingslehrerinnen. Sie war klein und stämmig, ein Mathematikgenie und als Beraterin beim Raumfahrtprogramm der NASA tätig. Das verschaffte ihr ein gewisses Ansehen bei ihren begeisterten Schülerinnen. Wirklich gerne hatten wir sie aber wegen ihrer Angewohnheit, einen Football aus Schweinsleder mit sich herumzuschleppen, ahnungslosen Schülerinnen in den Gängen plötzlich einen Pass zuzuwerfen und sich dann vor Lachen auszuschütten, wenn diese sich vergeblich bemühten, ihn aufzufangen. Schwester Benedicta brachte uns Theologie bei, aber Schwester Elizabeth lehrte uns mit ihrem großen Humor die Liebe zu Gott.
Als ich vor fünfzehn Jahren große Probleme mit meinem Dasein als Alleinerziehende hatte, rief ich meine alte High-School-Englischlehrerin, Schwester Julia Clare Greene, an und bat sie, für mich zu beten.
»Ich weiß nicht mehr weiter«, erzählte ich ihr. »Ich weiß nicht, wie ich meine Mutterrolle, das Unterrichten und Schreiben unter einen Hut bringen soll.« Sie empfahl mir, einen alten Jesuitenpriester aufzusuchen, der schon seit vierzig Jahren die spirituell Problembeladenen beriet. Ich kam mir ein bisschen albern vor; es gab so viele Frauen, die in meiner Lage waren. Sollte ich nicht imstande sein, meine Probleme selber in den Griff zu kriegen? Der alte Priester beruhigte mich rasch.
»Wir haben alle unsere Probleme, und wir alle brauchen Hilfe«, sagte er. Ich erwartete, dass er mir nun raten würde, zu beten oder vielleicht mein Leiden vor Gott zu bringen. Stattdessen griff er in die Schreibtischschublade und zog ein Päckchen Kar-

ten hervor, die wie Baseballspielerkarten zum Tauschen aussahen. Er schob sie mir zu. »Das sind meine Freunde«, sagte er. »Manche Leute würde sie als Heilige bezeichnen.«

Und zwischen den Karten von herkömmlichen katholischen Heiligen fand sich doch tatsächlich eine Reihe von selbst fabrizierten Karten, die aus auf Karton aufgeklebten Zeitungsausschnitten oder Nachrufen bestanden.

»Wenn ich Probleme habe oder Unterstützung brauche, rufe ich meine Freunde zu Hilfe«, erklärte der alte Priester kichernd. »Nehmen Sie hier den Arzt. Wenn jemand ein gesundheitliches Problem hat, trage ich es ihm vor. Er schuldet mir was, also nimmt er sich dessen sofort an. Haben Sie irgendwelche Verwandte im Jenseits?«, fragte er. Ich nannte eine Lieblingstante. »Dann reden Sie mit ihr«, riet er. »Sie wird sich wahrscheinlich liebend gerne einmischen.« Mit einem fröhlichen Lachen sammelte er seine Karten wieder ein und verstaute sie in der Schublade. »Seine Freunde um sich zu haben, ist immer schön«, sagte er.

Als ich von dieser Beratung nach Hause kam, musste ich über meine Ernsthaftigkeit kichern. »Er hat Recht«, dachte ich. »Die Spiritualität sollte keine so gottverdammt ernste Angelegenheit sein.«

Jahre später, ich lebte zu der Zeit in Taos, suchte ich ein Medium auf. Larry Lonergan ist ein großer, stattlicher Mann mit der lebhaften Mimik eines Charakterdarstellers der vierziger Jahre. Wie jener alte Jesuitenpriester nahm auch er seine Spiritualität leicht. »Als Erstes muss ich Ihnen sagen«, erklärte er, während er sich an sein Reading für mich machte, »dass hier eine Frau bei Ihnen ist. Sie behauptet, Ihre Tante zu sein.«

»Das muss Tante Helen sein«, sagte ich und erzählte ihm von dem alten Priester und seinen Karten.

»Genau«, erwiderte er. »Die auf der anderen Seite haben ziemlich viel Sinn für Humor. Wir könnten hier gut mehr davon gebrauchen.«

Experiment

Dante benannte sein Meisterwerk *Die Göttliche Komödie*. Es gibt einen Spruch, der besagt: »Engel fliegen, weil sie sich leicht nehmen.« Lachen hat sich als sehr gute, wenn nicht gar als die beste Medizin erwiesen.

Leihen Sie sich eine Videokassette mit einer göttlichen Komödie Ihrer Wahl aus.

Oder greifen Sie, wenn Sie lieber lesen, zu einem Harry-Potter-Buch. Da *haben* Sie eine göttliche Komödie.

Der Soundtrack

Mir ist aufgefallen, dass der Soundtrack zu unserem Film des Lebens oft das Element ist, das uns in Angst versetzt oder vorsichtig optimistisch sein lässt. Erinnern Sie sich an John Barrys überschwängliche Musik beim Fliegen in »Jenseits von Afrika«? Nun stellen Sie sich einmal vor, die beiden Hauptdarsteller wären ins Flugzeug geklettert und diese »Etwas-Schlimmes-wird-passieren«-Filmmusik hätte eingesetzt. Unser Herz hätte verängstigt gepocht. »O mein Gott, sie werden abstürzen«, hätten wir gedacht, selbst wenn sie auch in diesem Fall ebenso sicher gelandet wären, wie sie es dann taten.

Ich habe festgestellt, dass es äußerst nützlich ist, auf den Soundtrack zu achten, den wir in unserem Innern abspielen. Sagen wir, Sie haben einen süßen Typen im Supermarkt kennen gelernt. Nun können Sie entweder weiterhin Billie Holiday auflegen oder aber zu Doris Day überwechseln. Sie können bei den traurigen, sanften Streichinstrumenten bleiben oder zu etwas Flotterem, vielleicht Südamerikanischem übergehen. Sie können Ihren Cha-Cha-Cha üben oder sich damit verrückt machen, dass Sie immer wieder die Platte mit dem Song »Ich bin so einsam in meinem schmalen Bett« auflegen.

Es ist ziemlich schwierig, die Todesschrecken-Nummer abzuziehen, während Sie sich die »Nussknacker-Suite« anhören. Es klappt kaum, ein Happy End herbeizuzaubern, während Sie sich Joni Mitchells »Blue« reinziehen. Es ist beinah unmöglich, bei Willie Nelson nicht gut drauf zu sein. Und es wird Ihnen nur mit Mühe gelingen, bei einigem von Bartók nicht mies gelaunt zu sein.

Manche Religionsgemeinschaften tun so, als ob Gott sich nur klassische Musik anhörte. Andere sind der Ansicht, als bräuchte Gott den Gospel, um morgens aufzuwachen. Ich persönlich meine, dass er was für Countrymusic von Tammy Wynette übrig hat und dass der Heilige Geist die Beatles mag. Überflüssig zu erwähnen, dass Gott uns unsere eigene Filmmusik aussuchen lässt und dann einfach mitsummt.

Experiment

Die Sphärenmusik kann in Ihrem Wohnzimmer erklingen.

1. Haben Sie schon erfahren, dass Sie mithilfe von bestimmter Musik den Soundtrack Ihres Lebens ganz konkret verbessern können?
2. Welche Musik gibt Ihnen ein Sicherheitsgefühl, sodass Sie sich getröstet und spirituell verbunden fühlen?
3. Welche Musik gibt Ihnen ein Gefühl von spiritueller Weite und Begeisterung sowie spirituellem Überschwang?
4. Haben Sie einen tröstlichen Satz, den Sie als positiven Soundtrack für sich wiederholen können?
5. Mit welchem negativen Satz, den Sie ganz aus Ihrer Selbstbeschreibung streichen sollten, charakterisieren Sie sich üblicherweise? Formulieren Sie eine positive Affirmation, und üben Sie sich darin, stattdessen diese einzusetzen.

Übung

Wenn wir spirituell erblühen wollen, müssen wir lernen, in aller Tiefe zuzuhören – nicht nur uns selbst, sondern auch anderen. Nehmen Sie sich in dieser Woche die Zeit, auf Ihre eigenen geheimen Wünsche zu hören, und nehmen Sie sich auch die Zeit, einer anderen Person sehr achtsam zuzuhören.
Ich habe festgestellt, dass ich mein Herz oft einer Zensur unter-

werfe. Um auf mein Herz hören zu können, muss ich ihm aber unvoreingenommen Fragen stellen, die ihm ermöglichen, zu mir zu sprechen. Greifen Sie zum Stift, und entwickeln Sie eine Unterhaltung zwischen sich und Ihrem Herzen. Sie könnten folgende Fragen stellen:

1. Was wünschst du dir im Geheimen?
2. Was an meinem Tun macht dir am meisten Freude?
3. Wen von meinen Freundinnen und Freunden magst du am liebsten?
4. Kann ich irgendetwas tun, um dich glücklicher zu machen?
5. Worüber machst du dir Sorgen?
6. Kann ich dir mit irgendeinem kleinen Vergnügen eine Freude machen?
7. Gibt es irgendetwas, das du mir sagen möchtest?

Rufen sie nun eine Freundin oder einen Freund an, und treffen Sie eine Verabredung. Hören Sie ihr oder ihm dann mit den »Ohren des Herzens« zu.

Ziemlich komplex

Sie haben vielleicht schon Werbeanzeigen wie diese gesehen: Zwei junge Frauen sitzen mit verträumten Gesichtern auf dem Rücksitz einer New Yorker Limousine. Uns wird berichtet, dass die beiden in denselben Mann verliebt sind. Und die ihnen für dieses einigermaßen komplexe Problem angebotene Lösung ist die, einen harten Drink von irgendwas zu sich zu nehmen. Nun, das ist ein möglicher »Ausweg«.

Für die unter uns, die ihre Coolness nicht mittels eines starken Drinks zurückgewinnen können, böte sich als gangbare Alternative Gott an. Situationen, die ziemlich komplex und nicht handhabbar erscheinen, gibt man tatsächlich am besten in höhere Hände. Ich nenne das »den toxischen Laufstall räumen«.

Im Augenblick sind drei meiner engen Freundinnen in einen vehementen Streit verwickelt. Ich versuche, mich da rauszuhalten, und das mache ich am schlauesten, wenn ich Gott die Mitteilung schreibe: »Nimm es, es ist deins.«

Ich habe festgestellt, dass ich, wenn ich einen Schritt zurücktrete und mir sage: »Das ist der toxische Laufstall«, manchmal zu anderen, weniger giftigen, ja sogar angenehmen Situationen geführt werde. Wenn ich darauf bestehe, drin zu bleiben und »es durchzuarbeiten« oder »aufzuarbeiten«, bin ich am Ende selber aufgearbeitet, und das ohne positives Resultat.

Es gibt in der Tat Situationen, die allzu komplex zu sein scheinen, als dass sie allein mit den uns Menschen verfügbaren rationalen Mitteln aufgearbeitet werden könnten. Anscheinend hoffnungslos zerstörte Leben sind, oft wundersam, mit spiritueller Hilfe wieder aufgebaut worden. Mein enger Freund Mark schien seine berufliche Laufbahn »ruiniert« zu haben, als er in jungen Jahren ein Mädchen im Teenageralter heiratete, das von ihm schwanger war. Er beendete die High School später in Abendkursen. Heute ist er ein in Harvard ausgebildeter Pädagoge, der bislang fünf Bücher geschrieben hat, und das Kind aus jener Ehe studiert Jura. Mark befindet sich seit nunmehr fast zwei Jahrzehnten auf dem spirituellen Weg, und er, ein intelligenter und fähiger Mann, schreibt die positive Wendung seines Lebens ganz eindeutig spiritueller Hilfe zu.

Zahlreiche Probleme sind hinreichend komplex, um es mit Gott zu probieren. Was mich selbst angeht, so wurde ich dazu getrieben, es mit dieser Taktik zu versuchen, um nach einem Jahrzehnt des Lebens als populäre junge Schriftstellerin mit neunundzwanzig trocken zu werden. Meine Süchte hatten mich gegen die Wand fahren lassen. Ich musste abstinent, ich musste trocken, ich musste nüchtern werden, und diese Nüchternwerdung war, nun ja, ernüchternd. Ich hatte eine kleine Tochter, um die ich mich kümmern musste, eine Mutter, die an Krebs starb, ich hatte eine scheußliche Scheidung durchzustehen – und dann natürlich das Problem, auf das ich mich vor allem konzentrierte: Was war mit meiner brillanten Karriere?

»Verschiebe sie auf später«, wurde mir geraten. »Konzentriere dich auf deine Nüchternheit.«

»Aber ...«, protestierte ich.

»Nichts aber«, kam die Erwiderung. »Ohne Nüchternheit keine Karriere.«

Also kümmerte ich mich um meine Tochter, kümmerte mich um meine Mutter und versuchte, mich nicht darum zu kümmern, dass ich als Schriftstellerin auf der Bank saß. Mit den dahintickenden Monaten und der zunehmenden Stabilisierung meiner Gesundheit verfestigte sich auch meine Überzeugung, dass ich nie wieder arbeiten würde. Wenn es Gott war, der die Verantwortung für meine Karriere trug, dann wollte ich Ihn feuern und mich nach einem neuen Agenten umsehen.

»Hab Vertrauen«, wurde mir gesagt.

Dann klingelte das Telefon. Es war mein Filmagent, und er hörte

sich ziemlich verblüfft an. »Ich bekam gerade einen Anruf von NBC. Sie wollen, dass du das Drehbuch für einen Film über Sucht schreibst.«
»Das mach ich«, sagte ich.
»Ich frage mich nur«, so er, »wer deine Drehbücher dorthin geschickt hat.«
Ich entschied, dass die Antwort zu komplex war, um darauf einzugehen. Sollte ich etwa sagen: »Es war Gott«? (Es war Gott!)

Übung

Ich bin sicher, dass die Antwort »Ja« lautet, wenn man fragt, ob manches im Leben zu komplex für uns ist. Erforschen Sie Ihre »Jas«, indem Sie folgende Fragen schriftlich beantworten.

1. Haben Sie je eine ziemlich komplexe Situation in höhere Hände gelegt und um spirituelle Hilfe gebeten?
2. Wie ging die Sache aus?
3. Befinden Sie sich zurzeit in einer solchen Situation?
4. Warum übergeben Sie sie nicht?
5. Wie können Sie sie Gott überantworten? Gibt es eine spezielle Handlung, die symbolisieren würde, dass Sie sie loslassen und Gott übergeben?

Versuchen Sie es einmal so: Kaufen, wählen oder machen Sie sich selbst ein »Gott-Gefäß« – einen Behälter, in den Sie alle schriftlich formulierten Bittgebete um Führung in schwierigen und problematischen Situationen hineinlegen. Das ist eine ganz spezielle und konkrete Form des »Übergebens«. Es verwandelt diesen Akt der Ergebung und des Übergebens in einen aktiven Glaubenssprung.

Ins Fass getunkt

Wenn Sie spirituell für sich einstehen, kann es immer wieder passieren, dass Sie ein Spiel spielen müssen, das ich »Ins Fass getunkt« nenne. Sagen wir, Sie weisen darauf hin, dass jemand in Ihrer Kirche ein Drangsalierer ist. Es ist wahr. Sie wissen, dass es stimmt, doch es macht Angst, es auszusprechen. Aber Sie sagen es.

Dann geht es ans Ins-Fass-getunkt-Spielen.

Sie kennen es vielleicht von Jahrmärkten her. Jemand sitzt auf einem Brett über einem Becken mit kaltem Wasser, und Passanten zielen mit Basebällen auf ein über ihren Köpfen baumelndes Ziel, und wenn sie es treffen, *platsch*! Hinein geht's ins Fass.

Ganz groß spielen Sie dieses Spiel, wenn Sie gerade in Hinblick auf etwas offiziell als gut Erachtetes enthüllten: »Der Kaiser hat ja gar keine Kleider an.« Sie sagen, was Sie denken, und fallen vielleicht schon ins Fass, noch bevor jemand einen Baseball in die Hand genommen hat.

Und im Fass zu stecken, macht keinen Spaß; es bedeutet, dass Sie strampeln, um Ihren Kopf über den Wellen des Meers der Lügen zu halten.

Das Meer der Lügen klatscht gegen Sie mit Wogen, die Ihnen sagen, dass Sie arrogant waren. Dass Sie grausam waren. Dass Sie »nicht spirituell« waren. Dass alle Sie hassen werden. Wogen dieser Art und dann noch die Wogen des Selbsthasses. Nun besteht dieses Meer der Lügen in Wirklichkeit nur aus der geringen Wassermenge in dem winzig kleinen Fass, in das Sie fielen oder geschubst wurden, doch kann es sich anfühlen wie der ganze Ozean der Wahrheit.

Er ist es nicht.

Übung

Diese Fragen könnten einen sensiblen Punkt berühren. Tun Sie so, als wären Sie bei Ihrem Internisten, und denken Sie daran, dass die Fragen zu Ihrem Besten sind. Antworten Sie schriftlich.

1. Haben Sie schon mal »im Fass« gesteckt, weil Sie eine unpopuläre Wahrheit ausgesprochen hatten?
2. Wer hat sich Ihrer mit Mitgefühl angenommen?
3. Steckt gegenwärtig jemand aus Ihrem Bekanntenkreis »im Fass«?
4. Was können Sie tun, um sie oder ihn zu unterstützen?
5. Haben Sie gelernt, die Tumulte des Lebens zu akzeptieren, ohne sich dafür zu bestrafen, dass Sie sie irgendwie verursacht haben?
6. Haben Sie es mit Humor versucht, um wieder die richtige Perspektive zu gewinnen?

Ich muss fluchen dürfen

Vielleicht fluche ich deshalb so gern und viel, weil ich katholisch erzogen wurde. »Jesus!«, sage ich, wenn man mich überrascht oder erschreckt. »Gottverdammt«, sage ich, wenn ich etwas Dummes mache oder mich etwas ganz besonders aus der Fassung bringt – das Leben zum Beispiel oder irgendein gordischer Beziehungsknoten. Sogar dieses Buch, das gottverdammte Spiritualitätsbuch, hat mir schon ein paar bissige Kommentare entlockt. Ich entsinne mich, dass ich einmal in einem überaus hochgeistigen spirituellen Zentrum unterrichtete, in dem sie vielleicht die heilige Julia persönlich erwartet hatten. Jemand stellte mir eine Frage, ich dachte einen Moment nach und sagte dann: »Jesus, ich weiß es nicht.«

In der Pause kamen ein paar besorgte Frauen auf mich zu und fragten, warum ich so großzügig und locker den Namen des Herrn in den Mund nähme. War ich etwa antichristlich eingestellt? Über Buddha hätten sie mich nicht so sprechen hören.

»Ich kenne Jesus einfach besser«, erklärte ich ihnen. »Wir haben die gleichen Initialen, und ich bin mir ziemlich sicher, dass es ihm nichts ausmacht.«

»Oh.« Sie gingen davon und sahen zugleich erleichtert und besorgt aus.

Ich bin nicht besorgt. Und ich glaube auch nicht, dass Jesus besorgt ist. Er konnte ziemlich genau rüberbringen, was er empfand: »Vater, Vater, warum hast du mich verlassen?«, hat er gebetet, und obwohl man Millionen Male erklärt hat, er habe das nicht so gemeint und dies sei die erste Zeile eines optimistischen Gebets, bin ich der Ansicht, dass er genau meinte, was er sagte, und dass er ebendas unter offenem und ehrlichem Reden verstand.

Offenes und ehrliches Reden ist meine Lieblingsart von Gebet.

Ich weiß, dass man uns oft zu den »großartigen Gebeten« drängt – und ich kenne eine Menge davon –, aber das kommt mir so vor wie eine Glückwunschkartenrichtung der Spiritualität, solche Karten, auf denen schon alles vorgedruckt ist. Wählen Sie das Gebet, das dem, was Sie meinen und fühlen, am nächsten kommt, und behalten Sie Ihre heimlichen kleinen Zweifel für sich. Wenn ich das großartige Gebet eines Heiligen bete, kann ich mich für einen Moment in seine Schwindel erregende Höhe aufschwingen, aber das macht mich dann unter Umständen ein bisschen schwindlig und konfus. Zuweilen ergeht es mir sehr viel besser, wenn ich von meiner eigenen spirituellen Standhöhe aus spreche, und die kann manchmal zwergenhaft sein.

»Hilf mir bei diesem gottverdammten Buch.« Oder: »Sag mir, was zur Hölle ich jetzt tun soll.«

Bisher hat mich noch kein Blitz niedergestreckt, und ich bin auch noch nicht aus dem Himmel ausgeschlossen worden – doch kann es sein, dass ich nie wieder in diesem überaus spirituellen Zentrum unterrichten werde.

Übung

1. Streuen Sie sich Asche aufs Haupt, wenn Sie geflucht haben?
2. Bewahren Sie strikte linguistische Frömmigkeit?
3. Fluchen Sie manchmal, um die Situation durch Komik zu entspannen?
4. Fluchen Sie, um zu schockieren oder etwas rüberzubringen? Beides?
5. Haben Sie einen Gott, der Ihre Sprache spricht? Wenn ja, dann schreiben Sie Gott einen Bericht darüber, wie Sie sich gerade jetzt fühlen.

Gesundheit und Optimismus

Wir haben in den letzten Jahrzehnten den Aufschwung einer Medizin unter ganzheitlichem Aspekt beobachtet, bei der davon ausgegangen wird, dass das physische Wohlergehen in direktem Zusammenhang mit dem spirituellen Wohlergehen steht. Das ist gesund. Wir haben gelernt, dass positives Denken und die Macht des Gebets sich medizinisch nachweisbar auf Leiden wie zum Beispiel Krebs auswirken. Das ist gesund. Wir haben gelernt, dass wir im Rahmen unserer persönlichen Heilung verantwortliche Eigeninitiative entwickeln können. Auch das ist gesund. Leider haben wir diese Tatsache oft dahin gehend interpretiert, dass ein Unvermögen zu heilen auf ein spirituelles Defizit zurückzuführen ist. Das ist ungesund. Wir stellen regelmäßig die Behauptung auf, dass Zorn, Wut und Feindseligkeit Krebs verursachen. Von da aus ist es nur noch ein kurzer Schritt zur Ansicht, dass Krankheit in jeglicher Form auf spirituelle Tonfüße hindeutet.

Indem wir die utopische Idee von vollkommener Gesundheit und physischer Unsterblichkeit romantisieren, distanzieren wir uns selbst von den Gegebenheiten menschlicher Existenz, zu denen auch der plötzliche Kindstod, angeborene Herzschäden, genetisch bedingte neurologische Störungen und die ganz einfache Tatsache eines plötzlichen und vorzeitigen Todes gehören.

Während wir nun die biochemischen Auswirkungen unserer spirituellen Verfassung erforschen, neigen wir zu auf Angst gegründeten Distanzierungsmethoden, die eine künstliche Barriere, einen unsichtbaren Schutzschild zwischen den Gesunden und Kranken herstellen. Statt die unwandelbare und humanisierende Tatsache zu akzeptieren, dass wir alle irgendwann sterben, deuten manche mit dem Finger der Verachtung auf jene,

die rascher sterben, und fragen sich, wie sie dies wohl auf sich gezogen haben.
Es werden Bücher geschrieben, die in einem autoritären und hämischen Ton die verschiedenen Heilungsstadien skizzieren und die spirituellen Blockaden definieren, welche erklären, »warum Leute nicht heilen«. Das tiefe und mysteriöse Wirken von Schicksal, Bestimmung und Karma wird in vereinfachender Art auf Ursache und Wirkung reduziert. Der Kreis hat sich geschlossen, wir sind wieder bei einer mechanistischen Sichtweise vom Körper angelangt. Diese Anschauung von Gesundheit hat etwas schrecklich Ungesundes.
In unseren Zeiten zunehmender Hyperaktivität, in denen wir uns auf die künstliche Vervollkommnung menschlicher Existenzbedingungen konzentrieren, öffnen wir uns zwar für das Wissen um uralte spirituelle Wahrnehmungsfähigkeiten, die uns zum Beispiel die Energieflüsse im menschlichen Körper wahrnehmen lassen, verschließen aber unser Herz reflexartig vor der gleichermaßen uralten Gabe des Mitgefühls.
Das Leben ist kostbar. Der Tod ist unausweichlich. Wir können es uns nicht leisten, einander für die Art und Weise, wie wir mit dem einen und dem anderen umgehen, zu schmähen und zu demütigen. Die gesündeste Definition von Gesundheit muss das Mitgefühl gewiss mit einschließen. Die Sache ist nicht so einfach, wie der Spruch »Wer sich heilen kann, tut's« verkündet. Obwohl in regelmäßigen Abständen als bloße Mechaniker mit mechanistischer Sichtweise vom Körper gescholten, wissen die westlichen Ärzte schon lange, dass die rätselhaften Kapriolen einer Heilung von Kräften abhängen, die jenseits ihrer chirurgischen Fähigkeiten liegen: Die Operation gelingt perfekt, doch der Patient stirbt; der chirurgische Eingriff wird verpatzt, aber der Patient überlebt. In manchen Menschen hält sich das Leben zäh; in anderen erlischt der gleiche starke Funke rasch. Manchmal leben die Sterbenden intensiver und weiser als der Rest von uns.

Mein starker, aber körperlich gebrechlicher Vater lebte drei Jahre lang mit einem inoperablen Lungenkrebs. »Man kann nichts tun, und ich will es auch gar nicht versuchen«, erklärte er entschlossen seiner Familie. Entkräftende Bestrahlungen oder Chemotherapie kamen für ihn nicht infrage. Stattdessen beschloss er, ein Haus zu entwerfen und zu bauen, obwohl er wusste, dass die Chancen, auch darin einziehen und leben zu können, gering waren. Mein Vater hatte viele Jahre lang an Bord eines Segelbootes an einem der Florida Keys gelebt. Seine Krankheit zwang ihn, nach Hause in den Mittleren Westen zurückzukehren. Doch wollte er nicht ins Altenheim, vielmehr plante er, sein neues Heim von der Größe eines Schoners in einem Meer aus Gras neben einem kleinen Teich anzusiedeln.
Das winzige Haus verfügte über ein stolzes Cockpit, einen hoch gelegenen Raum, von dem aus man über die Wiese und das Sumpfland blicken konnte. Drei Tage vor seinem Tod trug die Familie ihn vom Haus meiner Schwester in sein eigenes Haus. Zweiundsiebzig Stunden später war er von uns gegangen. Seine Abreise erfolgte so friedlich und plötzlich, wie wenn sich ein scharlachroter Tanagra in die Lüfte erhebt.

Übung

Viele von uns verspüren weniger Gesundheit und Dynamik in sich, als sie sich wünschten. Wir tun »genug«, um uns »ziemlich gut« zu fühlen. Die meisten von uns kennen aber auch ein paar Dinge, die sich uns, wenn wir sie denn täten, noch um vieles besser fühlen ließen.
»Es macht Sie stark, wenn Sie sich wie ein kostbares Objekt behandeln.« Doch was könnten Sie tun, um Ihre Vitalität zu stärken? Gesundheit ist nicht nur etwas Physisches. Sie ist auch etwas Psychisches und Spirituelles.

Als mein Freund, der Regisseuer John Newland, starb, war er zweiundachtzig Jahre alt und noch immer mit dem Planen und Ausführen seiner Theaterarbeit beschäftigt. Sein Tod war ein Schock. Er war so vital und voller Leben, sprudelte über vor Ideen und Enthusiasmus. Seine Witwe Areta erzählte mir: »Johnny war ein Optimist. Sein Glas war immer halb voll.«

Wir haben alle die Wahl, das Glas halb voll oder halb leer zu sehen. Optimismus ist eine antrainierte Gewohnheit und sanfte Disziplin, die wir uns zu Eigen machen können. Wir können lernen, uns wie John zu fragen: »Und was machen wir als Nächstes?« Wir können die Dinge selbst initiieren und in die Hand nehmen, statt ein Opfer der Umstände zu sein. Wir können lernen, uns, wenn wir pessimistisch gestimmt sind, über das Handeln zum richtigen Denken zu bringen, statt zu versuchen, uns über das Denken zum richtigen Handeln zu bewegen. Akzeptanz wird oft als die ideale spirituelle Einstellung angepriesen. Die Leute akzeptieren fälschlicherweise das Inakzeptable. Oft sollen wir aber eigentlich akzeptieren, dass wir handeln müssen. Und wenn wir das dann tun, fühlen wir unseren bewussten Kontakt und ein Aufwallen von Optimismus in uns.

Besorgen Sie sich einen Bogen Papier in Postergröße, und bewaffnen Sie sich mit bunten Filzstiften. Zeichnen Sie den Grundriss eines Hauses, das Ihr Leben darstellt. Es sollte die folgenden Räume aufweisen: Familie, Freunde, Spiritualität, Körperlichkeit, Kreativität, Arbeit, Unterhaltung, Abenteuer und Dienst. Führen Sie die Qualitäten, die Eigenschaften und Merkmale auf, die Sie sich in jedem dieser Bereiche wünschen. Zählen Sie dann drei kleine konkrete Schritte auf, die Sie unternehmen könnten, um sich Ihrem Ideal zu nähern. Lassen Sie Ihren inneren Optimisten einige davon unternehmen.

Schönheit

Im Mittelalter dominierte die Kathedrale das Bewusstsein und die architektonische Gestalt des Ortes zu ihren Füßen. Komponisten komponierten und Bildhauer bildhauerten alle zu Ehren und zum Ruhm Gottes. Wir stellten uns die Reiche der Engel vor, die uns zu Hilfe kamen und uns unterstützten, und diese den Himmelspforten vorgelagerten Reiche waren natürlich herrlich schön. Die Menschheit blickte mit Staunen auf die Welt der Natur und sah sie mit spiritueller Vollkommenheit erfüllt, ein Spiegelbild der Herrlichkeit Gottes. Die exquisite Ordnung des Kosmos, die am bewegten Himmel, in den Gezeiten und Jahreszeiten prachtvoll in Erscheinung trat, galt als Beweis für eine göttliche Ordnung, die größer und strahlender war als das verschlungene Gitterwerk menschlicher Angelegenheiten. Die Musik und Mathematik, so sagte man, kamen den Sphären jenseits unserer Reichweite am nächsten. Sie waren von »Eleganz« durchdrungen, welche als ein dem Spirituellen zugehöriges Merkmal galt.

Viele in unserer modernen Welt geführten Leben sind der natürlichen Welt weit entrückt. Viele in unserer modernen Welt gelebten Leben sind weit entfernt von Schönheit und Eleganz und dem Gedanken, dass Schönheit ein Spiegel Gottes oder ein Eingangstor zu Gott sein kann.

Wolkenkratzer dominieren unsere modernen Städte. Die Pracht und Herrlichkeit Gottes ging im städtischen Chaos unter, ging in der Kakophonie verloren. Irdische Schönheit wird oft mit Abfall übersät und mit Graffiti beschmiert. Als die Kirche, der Tempel oder die Synagoge den Mittelpunkt des Gemeinschaftslebens bildeten, war es ein Privileg, Altartücher zu weben und zu besticken, Blumen zu züchten und zu sammeln, Wachskerzen und Räucherwerk zu entzünden. Man fand, dass solche ästhetischen

Vergnügen das Bewusstsein hoben und uns besser befähigten, uns dem Allmächtigen zu nähern.
In den Straßen unserer Städte einen transzendenten Gedanken aufrechtzuerhalten, kann schwierig sein. Ein Schild mit der Aufschrift »Halte deinen Hund an der Leine« kann auch dazu führen, dass man seine Gedanken an der Leine hält. Wir eilen auf unserem Weg weiter, schauen auf unseren inneren Film, richten aber die Kamera des Bewusstseins selten auf die Schönheit.
Alles im Leben, jeder Schnipsel und Krümel, ist geheiligt, ist mit schöpferischer Kraft und mit Bedeutung aufgeladen. Schönheit existiert im winzigen bestickten Taschentuch, Schönheit existiert im schwungvollen Brückenbogen. Schönheit existiert in dem, was Gott geschaffen hat, und Schönheit existiert in dem, was der Mensch geschaffen hat. Und das Schaffen von Schönheit macht Gott manifest.
»Das Himmelreich ist unter uns«, lehrte Christus. Blake glaubte, dass, wenn sich die Pforten der Wahrnehmung öffneten, wir von der sich allerorten zeigenden Schönheit überwältigt wären. Sie ist nicht Museen und Konzertsälen vorbehalten. Sie existiert in der Küche und in der Klinik, im Hospiz und im Hospital. So wie es kein Thema gibt, dessen sich die Kunst nicht annehmen könnte, gibt es auch keinen Aspekt des Lebens, vor dem unsere Kreativität oder die Schöpferin und der Schöpfer in uns Halt machen müssen. Das erweckte Auge sieht überall Kunst. Das erweckte Ohr hört im Tropfen des Wasserhahns, im Knarzen eines Stuhls, im Quietschen einer Bremse Musik. »Heilig, heilig, heilig«, sprechen die Katholiken, wenn sie ihr Haupt vor der Schönheit der hoch erhobenen Hostie beugen. Die Berge Tibets, die donnernd niederrauschenden Niagarafälle rufen den gleichen bestürzten Schrei der Seele hervor, die sich von Demut und Euphorie zugleich erfüllt fühlt. Die wunderschöne sakrale Statue aus dem Fernen Osten strahlt auch dann noch machtvoll etwas Heiliges aus, wenn sie ihrem sakralen Umfeld entrissen und in den ste-

rilen Raum eines Museums gestellt wird. Es ist ein Kreislauf: Das Schöne schafft ein Gefühl von etwas Heiligem, das Heilige verlangt, dass wir das Schöne erschaffen.
In unserem weltlichen Dasein bezeugen wir in unseren Initiationsritualen Achtung und Respekt durch eine Kleidung, die in ihrer schieren Schönheit der Feier ein Glanzlicht aufsetzt. Das wunderschöne Hochzeitskleid, der erste gute Anzug zum Schulabschluss, ein besonderes Kleid für die erste eigene Party. Das ist die säkulare Weise, in der wir uns die rudimentäre Erinnerung an das Verbundensein von Schönheit und Heiligem bewahren. Schönheit bleibt ein Eingangstor zu Gott, obschon sie dieses Etiketts verlustig ging. Wenn wir in einem Raum voller großartiger Gemälde stehen, dem grandios gespielten Satz einer Symphonie lauschen, den gewundenen Pfaden eines botanischen Gartens folgen oder im Farbenspiel des Lichts stehen, das durch ein buntes Glasfenster fällt, spüren wir, wie uns etwas Transzendentes anrührt – das wir vielleicht nun nicht mehr Gott nennen.

Übung

So wie sich ein Akt des spirituellen Hausputzes auf unsere äußere Welt auswirken kann, kann auch ein Akt des physischen Hausputzes Auswirkungen auf unsere innere Welt haben. Betreten wir einen heiteren und aufgeräumten Raum, hebt sich oft unsere Stimmung und steigert sich unser Gefühl von einem ruhigen Optimismus. Werfen Sie nun einen Blick auf Ihre physische Umgebung. Nehmen Sie sich einen Moment Zeit, und bitten Sie um spirituelle Führung. Entzünden Sie eine Kerze, ein Räucherstäbchen, und greifen Sie zum Stift.

1. Führen Sie drei kleinere Veränderungen auf, die Sie in Ihrem Arbeitsbereich vornehmen könnten:

a) etwas zur Aufbewahrung Ihrer Zeitungsausschnitte besorgen,
b) ein Familienfoto rahmen,
c) noch einen kleinen Aktenschrank besorgen.

2. Führen Sie drei kleine Veränderungen auf, die Sie in Ihrem Badezimmer vornehmen könnten:
   a) weitere Pflanzen hineinstellen, die wenig Licht brauchen,
   b) einen Korb mit Muscheln neben die Badewanne stellen,
   c) die Matte auswechseln und ein kleines Regalbrett für Kerzen anbringen, um bei Kerzenlicht baden zu können.
3. Führen Sie drei Veränderungen auf, die Sie in Ihrem Wohnzimmer vornehmen könnten:
   a) den Raum in einer wundervoll einladenden Farbe streichen,
   b) den Teppich reinigen lassen und den Krimskrams aus den Bücherregalen räumen,
   c) einen besseren Lesesessel ausfindig machen und eine gemütliche Leseecke gestalten.
4. Wenden Sie sich nun Ihrem Schlafzimmer zu:
   a) Experimentieren Sie mit der Umstellung des Bettes.
   b) Machen Sie das Bett mit zusätzlichen Kissen wirklich kuschelig.
   c) Errichten Sie einen kleinen Altar auf einer Kommode oder einem Nachttischchen.
5. Führen Sie das fort, gehen Sie Zimmer für Zimmer durch, und überlegen Sie sich Veränderungen, um Ordnung, Heiterkeit und Einfachheit in Ihre Umgebung zu bringen.

Zwar wird solches Tun manchmal als die »Schöner-wohnen«-Richtung der Spiritualität abgetan, aber ein Experimentieren mit diesen kleinen Veränderungen wird sich bei Ihnen sehr rasch in Form eines gesteigerten spirituellen Wohlbefindens bemerkbar machen.

Urteilskraft

Unser Spiritualitätsempfinden war traditionellerweise mit einem Gefühl der Sündhaftigkeit und mit Scham befrachtet. Wir sind schlechte Menschen, die versuchen, gute Menschen zu werden. Mit dem New Age kam auch die Vorstellung über uns, dass wir alle perfekt sind – so, wie wir sind – und dass es nicht spirituell ist, etwas anderes zu denken. Und damit geht die Urteilskraft flöten. Manche von uns sind gemein, manche zornig, manche sarkastisch, und wir sollten das erkennen und uns entsprechend verhalten. Ja, auf lange Sicht gesehen sind wir alle ganz hervorragend, sind wir alle perfekt, sind wir alle von Gott erfüllt. Das ist die langfristige Perspektive, und die kann in der Tat zuweilen äußerst langfristig sein.

Wenn man uns sagt, dass wir nicht »verurteilen« sollen, meinen wir oft, es bedeute, dass wir nicht urteilen sollen. So ist das nicht gemeint. Verurteilung bedeutet Verdammung. Das Einsetzen der Urteilskraft impliziert das Akzeptieren einer oft schwierigen Realität: »Dieser Mann ist mein Untergang.« Warum nicht von Bord gehen?

Mitgefühl ist die Pfahlwurzel alles Gedeihens, und manchmal erfordert es nicht nur Urteilskraft, sondern auch Besonnenheit und Zurückhaltung. Wir müssen nicht nur lernen, in Liebe und Güte auf andere zuzugehen, sondern uns auch in Liebe und Güte auf uns selbst zurückzuziehen. Wir sollen uns nicht auf dem Altar schwieriger Leute selbst opfern. Freundlichkeit und Güte werden unser Leben durchströmen, wenn wir die große Güte der realistischen Einschätzung praktizieren, was es mit einer Person wirklich auf sich hat und ob wir etwas mit ihr zu tun haben sollten oder nicht.

In unserem Bemühen, an uns zu arbeiten und »besser« zu werden, umgeben wir uns oft mit schwierigen, streitsüchtigen

Menschen und sagen uns, dass sie uns eine Lektion zu lehren haben und dass, wenn wir sie lernen, aller Groll und Hass und alle Schwierigkeiten dahinschmelzen werden. Das ist a) eine arrogante Einstellung, die b) den freien Willen ignoriert. Unsere Güte mag so einen Menschen schließlich weich werden lassen, aber in der Zwischenzeit haben wir uns völlig verausgabt und Jahre vergeudet, die wir in angenehmer und geistesverwandter Gesellschaft hätten verbringen können.

»Sei nett«, ermahnen wir uns, wenn wir anfangen, realistisch zu werden. Stattdessen sollten wir uns ein Oscar dafür verleihen, dass wir endlich zur Vernunft kommen.

»Denk positiv!«, rügen wir uns manchmal, wenn wir eigentlich positiv feststellen sollten, dass die Situation negativ ist.

Wenn wir versuchen, uns zum Denken guter Gedanken zu zwingen, müssen wir darauf achten, dass wir realistisch bleiben. Wenn Alfred ein Ekel ist, ein übel wollender Mensch, dann könnte der beste Weg der sein, das zu erkennen, das zu akzeptieren und unserer Wege zu gehen. Wir haben alle unseren freien Willen. Alfred kann und wird sich genau so benehmen, wie er will und sich entscheidet. Wenn er von Natur aus ein zorniger Mensch ist, mag sich unser Wohlwollen schließlich irgendwann auf ihn auswirken, aber unsere Urteilskraft würde uns dazu raten, sich von ihm fern zu halten.

Manche von uns geben vor, netter zu sein, als sie sind, aber andere tun regelmäßig so, als seien andere netter, als sie es tatsächlich sind. Beide Einstellungen lassen uns energetisch die Bodenhaftung verlieren. Die Energien anderer lassen sich richtig beurteilen, wenn wir bereit sind, uns selbst gegenüber ehrlich zu sein und nicht mehr so zu tun, als könne unser »Gutsein« Eisberge zum Schmelzen bringen.

Übung

Wir meinen oft, das Praktizieren der Beurteilungskunst sei nicht spirituell. Wir glauben das trotz der Tatsache, dass Christus sie praktizierte, als er die Geldwechsler aus dem Tempel vertrieb. Wir glauben das trotz der Tatsache, dass Gandhi sie praktizierte, als er zum Meer marschierte, um gegen die total überhöhte und rigorose Erhebung von Salzsteuern zu protestieren. Das Urteilen, das häufig mit Verurteilen verwechselt wird, ist im Grunde ein Aspekt der Weisheit.

Die folgende Übung soll spielerisch ausgeführt werden, sie ist aber dennoch tiefgründig, eine Extremsituation sollen Sie sich vorstellen. Dabei geht es um Ihre Urteilskraft. Die Schauspielerin Julianna McCarthy hat mich damit bekannt gemacht, und die Übung heißt »Wen würdest du in den Krieg mitnehmen?«. Greifen Sie zum Stift, führen Sie alle Ihre Familienangehörigen, Freunde und Bekannten auf, und notieren Sie, warum Sie sie in den Krieg mitnehmen würden oder warum nicht. Manche Menschen werden zwar von Ihnen geliebt, aber man kann sich nicht auf sie verlassen. Andere von Ihnen geliebte Personen sind streitsüchtig und würden sich mit Ihnen wegen der Strategie in die Haare kriegen. Wiederum andere sind zu hitzköpfig. Sie würden allzu schnell losschießen. Im Licht dieser Übung werden manche Freunde und Freundinnen als hervorragende Kameraden und Kameradinnen hervortreten – klug, großzügig, verlässlich und wagemutig. Andere fallen ganz klar in die Kategorie derer, die Sie, wie Ihnen Ihre Urteilskraft sagt, nicht in den Krieg mitnehmen könnten. Das Leben ist im Allgemeinen kein Krieg, aber oft ein Kampf. Diese Übung hilft Ihnen, sich Ihre »Waffenkameraden und -kameradinnen« auszusuchen.

Spirituelle Vampire

Im üblichen New-Age-Denken wird auch häufig das Ziel angestrebt, sich gegenüber den Einstellungen und Handlungen anderer unempfindlich zu machen. Wir bitten um einen spirituellen Schutzwall. Wir bitten um energetische Schutzschilde, die negative Energien abprallen lassen. Wir versuchen, uns mithilfe von affirmativem Denken gegen die emotionalen Stürme anderer abzuschirmen. Alle diese Techniken funktionieren. Sie haben alle ihren Stellenwert, und wir setzen sie ein, weil manche Leute spirituelle Vampire sind, wie ich sie nenne. Sie suckeln mit einem breiten Grinsen das Leben aus dir heraus.

Jeder Mensch weist eine ganz bestimmte und persönliche Energie auf. Wenn wir sagen: »Es war schön, Mary zu sehen« oder »Bob war ermüdend«, dann sprechen wir über ebendiese Energie und die Art und Weise, in der sie mit der unseren harmonierte oder nicht. In unsere Umgangssprache findet sich eine Art Code eingebettet, der über unsere Wahrnehmungen auf der subtilen Energieebene Auskunft gibt, Wahrnehmungen, die oft weitaus weniger esoterischer Natur sind, als wir tun. In der spirituellen Literatur des Ostens ist oft von feinstofflichen oder subtilen Energien die Rede, und wir sagen dann vielleicht: »Aber das konnte ich nie fühlen.« Doch wir fühlen das. Wir spüren es. Wir sagen es und ignorieren es oft genug auf unsere Kosten.

Das lässt sich zum Beispiel leicht verdeutlichen, wenn wir uns klar machen, dass wir alle einen erwachsenen Aspekt und einen verletzlicheren, kindlicheren Aspekt in uns tragen. In einer ausgewogenen Beziehung mit jemandem sind beide Aspekte willkommen. In einer unausgewogenen Beziehung ist der eine oder der andere, aber es sind nicht beide Aspekte willkommen. Wenn ein Teil von uns unwillkommen ist, fühlen wir uns erschöpft, erledigt. Wir sind einem spirituellen Vampir begegnet ...

Bob, ein talentierter, aber verbitterter Mann, drängt den Mitmenschen in seiner Umgebung die Rolle des Retters auf. Begabt, aber nicht willens, seine Begabungen zum Einsatz zu bringen, suhlt er sich in einer egozentrischen Depression, aus der er errettet werden möchte – aber nicht von ihm selbst. Bob wirkt wie ein starker negativer Magnet. Er möchte ein bedürftiges Kind sein. Alle um ihn herum werden in die Rolle des fürsorgenden Erwachsenen gedrängt. Egoistisch, egozentrisch, wie er ist und auch zu bleiben gedenkt, verlangt er anderen viel ab und wundert sich, warum ihn die Menschen intuitiv meiden. Er erkennt nicht, dass auch er selbst sich meiden würde, und doch tut er genau das, indem er darauf besteht, dass andere seine Bedürfnisse für ihn erfüllen, Bedürfnisse, denen er sehr gut selbst Rechnung tragen könnte.
Bob ist ein spiritueller Vampir. Er sieht wie einer aus und handelt wie einer, doch es gibt auch Vampire, die sich maskieren. Nehmen wir Marilyn. Sie, eine schöne Frau in ihren Mittfünfzigern, hat jahrzehntelang für ihren machtbesessenen, zornigen Mann und ihre ängstlichen, neurotischen Kinder gesorgt. Unfähig, liebevoll und zärtlich mit sich selbst umzugehen, fällt es ihr auch schwer, den Menschen, die sie liebt, mit Zärtlichkeit und Herzlichkeit zu begegnen. Stattdessen drängt sie ihre Kinder, »erwachsen zu werden« und sich so zu verhalten wie sie, nämlich wie ein vom Gefühlsstrom des Lebens abgeschnittener Automat. Marilyn ängstigt sich vor spontanen Menschen und verurteilt sie schnell. Im Büro ist sie streng, humorlos und muss immer alles unter Kontrolle haben – natürlich. Sie hat panische Angst vor dem hysterischen, kindlichen Aspekt in ihr selbst, den sie so lange ignoriert hat. Und dieser sich zunehmend steigernden inneren Panik begegnet sie wie eine strenge, zänkische Mutter: »Sei still, ich hab's dir schon mal gesagt!« So dämpft sie rasch die kindlichen Lebensgeister der Menschen in ihrem Umfeld, damit bloß kein Fünkchen Enthusiasmus ein ansteckendes

temperamentvolles Übersprudeln auslösen und sie aus ihrer sorgsam überwachten Rolle kicken kann. Offiziell fürsorgliche Ehefrau und Mutter, ist sie ein verkappter spiritueller Vampir. Sie zapft den Leuten ganz genauso Energie ab wie Bob. Bob vampirisiert den Erwachsenenaspekt in den Menschen. Marilyn zieht ihnen die kindlichen Energien ab.

Wir bemühen uns um Ausgewogenheit. Die von uns, die zu erwachsen sind, müssen sich ihrer kindhaften Energien annehmen und weicher und spielerischer werden. Die von uns, die zu kindlich sind, müssen ihr erwachseneres Selbst liebevoll annehmen und zu einem Gefühl von Verantwortung und Macht gelangen. Weder wollen wir spirituelle Vampire unterhalten noch welche sein.

Wir alle sind machtvoll und zerbrechlich zugleich, und das muss uns beim Umgang miteinander bewusst sein. Wenn wir uns nur in unsere eigenen spirituellen Luftblasen eingekapselt durchs Leben bewegen, bringt uns diese Ichbezogenheit – Ichbezogenheit im Namen der Spiritualität – schließlich zum Stagnieren. Wenn wir uns andererseits ausschließlich auf die Bedürfnisse anderer konzentrieren und auf unsere eigenen keine Rücksicht nehmen, werden wir erschöpft, ausgelaugt und deprimiert.

Werden wir gebeten, unser eigenes Energiemuster zu beschreiben, wissen die meisten von uns intuitiv, ob wir zu ichbezogen sind oder uns zu sehr auf andere beziehen. Es geht darum, das wir uns präzise einschätzen und zur Ausgewogenheit finden.

Wir können es sofort, sehr gut und sehr genau fühlen, ob die Menschen für unsere Energien offen sind oder sich ihnen verschließen. Wir wissen es sofort, wenn uns jemand nur Energien abzapfen will und nicht an einem wechselseitigen Geben und Nehmen interessiert ist. Dann können wir unseren Knoblauch hervorziehen und reinbeißen.

Übung

Lassen Sie sich nicht von spirituellen Vampiren aussaugen. Zu lernen, wer uns unsere Energien abzieht, ist ein Akt des spirituellen Urteilsvermögens. Nehmen Sie Stift und »Schwert« in die Hand!

1. Sind Sie schon einmal einem spirituellen Vampir begegnet, einer Person, die Sie auf rätselhafte Weise erschöpft und ausgelaugt zurücklässt?
2. Haben Sie gelernt, die spirituellen Vampire in Ihrem Bekanntenkreis zu meiden?
3. Können Sie einen spirituellen Vampir erkennen, wenn Sie einem begegnen?
4. Welche spirituellen Vampire haben Sie erfolgreich aus Ihrem Leben verbannt?
5. Sind noch ein paar übrig geblieben, denen Sie die Tür weisen sollten?

Spirituelle Verführung

In den Tagen des Stummfilms nannte man es das »Es«, und wenn jemand dieses »Es« hatte, wusste man es – und um keine Missverständnisse aufkommen zu lassen, gewöhnlich besaßen besagte Menschen dieses »Es« auch.

Ich reiste einst mit meinem Freund, dem Regissseur John Newland, der sechsundfünfzig Jahre Erfahrung im Showbusiness auf dem Buckel hatte, in England herum. Wir machten in Glastonbury, einem spirituellen Kraftort, Halt und trafen dort in einem winzigen, dunklen Pub einen berühmten spirituellen Lehrer. Er kam wie ein Rockstar herein. Der Raum schien zu leuchten und zu strahlen. War es seine Aura?, fragte ich mich. John beugte sich zu mir herüber und murmelte: »Der hat aber ein ›großes Es‹.« Ein Spruch, der es uns ein bisschen erschwerte, zu meinen, dass wir alle so überaus spirituell waren.

Seither habe ich eine Menge spirituelle Leute mit einem großen »Es« getroffen. Vielleicht sind auch Sie einigen begegnet. Rudolph Valentino, rück beiseite. Ich gebe dir seelenvolle, hochbedeutsame Blicke aus tiefen, glühenden Augen. Ich gebe dir neblige Versprechen von Vereinigung – mit Gott, natürlich. Sie sind nur ein Ersatz, aber sie tun's zur Not. Oder eine »spirituelle« Umarmung.

Der Schwärmerei-Pegel kann im Umfeld mancher spiritueller Lehrer ausgesprochen stark ansteigen. An den bedeutsamen Blicken und Komm-her-mein Kind-Umarmungen ist etwas, das einen ganz schön süchtig machen kann. Ich behaupte nicht, dass es sexuell ist – okay, in manchen Fällen ist es sexuell –, aber sehr viel häufiger hat es mit Sehnsucht zu tun. Es ist so eine Art spirituelles Schwer-zu-kriegen-Spiel. Du willst mich, du kannst mich nicht haben, Gott hat mich, Om Mani Padme Om ..., was sich zuweilen schwer nach »Na-na-na-na-na-na« anhören kann.

Ich behaupte nicht, dass das spirituelle Leben nichts weiter als Nebelschwaden und Spiegeleien sei, aber ich meine, dass sich die Grenzlinien ein bisschen verwischen können. Ich meine, dass das Heißeste an manchen Feuerläufen die Lehrer sind. Und da bekomme ich Probleme; ich halte manche dieser spirituellen Verführungskünstler für spirituelle Gigolos. Ich habe eine ganze Menge guter Leute gesehen, die dazu gebracht wurden, sich zu deren Unterstützung von ihrem guten Geld zu trennen. Energie ist verführerisch, und die der spirituellen Vergötterung ist davon nicht ausgenommen. Vielleicht habe ich zu lange in Hollywood gelebt, wo es eine Menge Leute mit einem großen »Es« gab, aber mich schockieren die sexuellen Ausrutscher der Gurus weniger, als sie es im Allgemeinen und unvermeidlich tun.
Unbedarfte spirituell Suchende weisen oft die gleiche »Reiß-mich-hin- Meister«-Bereitschaft auf wie ein Starlet gegenüber dem Starregisseur. Eine Menge Gurus naschen gerne Süßes und haben zudem auch noch einen Süßwarenladen.

Übung

Verführung auf spiritueller Ebene ist wie jede andere Art von Verführung – irgendwo da draußen ist eine Angelschnur, die fast alle von uns an Land ziehen könnte.

1. Sind Sie je auf spiritueller Ebene verführt worden?
2. War es finanziell gesehen teuer?
3. War es in persönlicher Hinsicht kostspielig?
4. Was hat Sie zur Vernunft gebracht?
5. Merken Sie es jetzt, wenn Sie jemand auf spiritueller Ebene verführen will?

Spirituelle Streunerinnen

Was ich in diesem Abschnitt beschreibe, gilt nicht nur für Frauen. Es ist in ähnlicher Weise auch als Warnung vor entsprechenden Männern gedacht.

Ich möchte gern über das von mir am wenigsten geschätzte Mädel in der Klasse reden. Ich sollte vorausschicken, dass Winona Sie umhaut, was Sie aber nicht bemerken sollen. Ihnen sollen ihre riesigen spirituellen Augen auffallen und wie sie sie einsetzt, wie große schimmernde Teiche, die Sie zum Schwimmen einladen. Winona kann blond, brünett oder sogar rothaarig sein: Ich habe Winonas in allen Hairstyling-Farbschattierungen getroffen und mittlerweile gelernt, sie auszumachen, so wie man gelernt hat, in Florida auf die hübschen kleinen Korallenschlangen zu achten. Ist sie nicht niedlich?, denkt man – bis sie dich beißt und du stirbst.

Winona spricht genau wie diese hübschen kleinen Schlangen mit einer Art leisem, dünnem Zischen und erzählt Ihnen, wie konfus sie ist und wirklich zu spirituell, um sich in der großen bösen Welt zurechtzufinden, und dass sie ganz bestimmt Ihre Hilfe brauchen könnte. Oder vielleicht ein bisschen was von Ihrem Geld. Obwohl sie dieses anstößige Wort nicht gern in den Mund nimmt.

Winona möchte nie direkt werden. Sie möchte immer ein bisschen nebulös und vage und leicht verzweifelt bleiben, sodass Sie, wenn sie dann eine Weile auf eine gewissermaßen spirituelle Art herumgepiepst und gejammert hat, nach Ihrem Scheckheft greifen, um die Dinge in Ordnung zu bringen.

Winona würde sich selbst wahrscheinlich als einen unschuldigen kleinen Mäuseburger bezeichnen. Glauben Sie es bloß nicht. Sie hat den schwarzen Gürtel in Numerologie und Astrologie, und Sie können darauf wetten, dass sie Sie schon von weitem hat kommen sehen. Für sie ist die Spiritualität ein einträgliches Geschäft. Wenn sie Sie davon überzeugen kann, dass sie für ein Leben in dieser Welt zu spirituell ist, werden Sie für ihr Leben aufkommen müssen. Wir nannten solche Mädchen Goldgräberinnen.

Übung

Ja, es ist an der Zeit. Bei dieser Übung werden Sie gebeten, Namen zu nennen. Klarheit bedeutet *nicht* mangelnde Barmherzigkeit.

1. Sind Sie je einer spirituellen Streunerin begegnet?
2. Waren Sie selber mal eine?
3. Sind Sie imstande, sich gegen spirituelle Manipulation zu verwahren?
4. Können Sie zwischen »jemanden befähigen« und »jemandem helfen« unterscheiden?
5. Fühlen Sie sich, wenn Sie mit der Armut von jemandem konfrontiert werden, schuldig, weil Sie im Wohlstand leben?

Das »Fame Game« oder Promi-Spiel

Was die Leute unter anderem an spirituellen Lehrern verwirrt, ist die Tatsache, dass sie Berühmtheiten werden. Natürlich werden sie das. Das Fame Game, das Promi-Spiel, ist eines der Lieblingsspiele vor allem der Amerikaner. Kulturell gesehen wissen wir, wie man dieses Spiel spielt, und finanziell gesehen ist es das Spiel, das man uns ermahnt zu spielen. Es geht so: Sie machen etwas gut. (Oder nicht so gut, aber Sie haben eine gute Promotion.) Und Sie werden dafür berühmt, und dann sind Sie eine spirituelle Produktmarke, und die Leute wollen kleine Deepak-Figürchen oder so etwas herstellen, oder vielleicht ist es auch Ihre eigene Idee.

Sie bekommen die gleichen Probleme wie jeder Filmstar – Berge von Fanpost, und in den Briefen steht: »Ich liebe dich. PS: Könntest du das und das für mich tun?« Und Sie bekommen auch Einladungen und das Angebot, abgeholt und der hauseigene berühmte Guru zu werden – alle möglichen verwirrenden Dinge. An Kraftorten Vorträge zu halten, weil Sie so machtvolle Energien haben. Sie kriegen Manager und Agenten und eine Entourage, weil es, was das Promi-Spiel angeht, keinen besonders großen Unterschied macht, ob Sie Deepak Chopra oder Leonardo DiCaprio sind. Sie kriegen in jedem Fall die kreischende Menge mit den feuchten Unterhöschen. Dann eben einfach die spirituelle kreischende Menge mit den feuchten Unterhöschen. Sie brauchen also Leute, die die Dinge auf Armlänge von Ihnen fern halten, damit Sie zu Ihrer Limousine schreiten können, und Sie müssen auch selber die Dinge in den Griff bekommen. Was nicht ganz leicht ist, wenn Ihnen jedermann sagt, dass Sie so viel über Gott wissen, dass Sie gut selber Gott sein könnten. Vielleicht fangen Sie sogar an, es zu glauben. Mit Sicherheit würde kein Mensch, der sie noch alle beisammen hat, jahraus, jahrein von

Stadt zu Stadt fliegen, in Hotelzimmern nächtigen, essen, was der Zimmerservice serviert, und Vorträge darüber halten, wie man ein spirituelles Leben führt. Was ist spirituell daran, wenn man seiner Familie fern ist und nur Videofilme für Erwachsene zur Gesellschaft hat?

Wenn du als irgendetwas Berühmtheit erlangst, aber vor allem als irgendeine Art spiritueller Lehrer, projizieren die Leute alle möglichen magischen Kräfte in dich hinein. Ich bin eine Künstlerin, die zufällig als spirituelle Lehrerin berühmt wurde. Einmal fragte mich eine Dame, ob sie, wenn sie meinen Rock berührte, ihren Roman schreiben könne. Die Antwort war: »Vielleicht möchten Sie es mal mit Schreiben probieren.« Doch die Leute möchten nicht immer arbeiten. Sie möchten, was du hast, aber sie möchten nicht tun müssen, was du getan hast, um es zu bekommen. Ich nenne das »die Zauberstabrichtung der spirituellen Entwicklung«, und manche Lehrer tun gerne so, als würden sie nur ihren Zauberstab über Ihr Leben schwenken, und schon kriegen Sie alles, was Sie je wollten.

Wenn ich irgendwo Workshops gebe, kündigen die Veranstalter sie manchmal auf eine Art an, die ich die »Lernen-Sie-die-heilige-Julia-kennen-und-gehen-Sie-übers-Wasser«-Weise nenne. Es hört sich an wie: »Nehmen Sie an diesem Workshop teil – und presto! Sofortige Kreativität auf ewig!« Ich sage: »Also, Sie müssen schon ein paar Dinge tun«, aber den Teil mögen die Leute meist nicht. Manchmal denke ich, sie erwarten einen Kreativitätsfeuerlauf. Damit wir uns nicht falsch verstehen: Die Spiritualitätstour kann sich manchmal wirklich so anhören wie jeder andere Quacksalber-Wanderzirkus – es wird dabei schrecklich viel Schlangenöl verkauft.

Was noch passiert, wenn Sie berühmt werden: Das Tempo beschleunigt sich, und auch das kann süchtig machen und verwirrend sein. Wenn Sie sich alle Minuten in einer anderen Stadt aufhalten und ständig umschmeichelt und angehimmelt werden, kann es Ihnen schwer fallen, vernünftige und fundierte Entscheidungen zu fällen. Spirituelle Berühmtheiten neigen wie alle anderen Berühmtheiten dazu, bei all dem Druck töricht zu handeln. Das rasche Tempo lässt eine Weile lang alles wie eine großartige Idee erscheinen: »O ja, schneller, schneller, größer, besser, jippiiee!« Bis Sie ausgebrannt sind, und dann hört sich überhaupt nichts mehr nach einer guten Idee an, selbst wenn es eine sein sollte. Und dann fangen Sie an, den Leuten den Kopf abzureißen, ganz egal, wie spirituell Sie sind, weil Sie in Wahrheit immer noch nur ein Mensch und verdammt erschöpft und ausgelaugt sind. Deshalb könnte es am Ende passieren, dass spirituelle Lehrer, genau wie Rockstars, das Hotelzimmermobiliar zertrümmern. Und manche von ihnen tun's tatsächlich.

Übung

Berühmt sein ist eine spirituelle Droge. Sie wirkt sich in uns und in anderen desorientierend aus und macht süchtig. Und doch besagt unsere Mythologie, dass das Berühmtsein alle Probleme lösen würde.

Beantworten Sie die folgenden Fragen am besten gemeinsam mit einem guten Freund.

1. Hegen Sie Phantasien, berühmt zu sein?
2. Glauben Sie, das Berühmtsein würde Ihnen alle Ihre Unsicherheiten nehmen?
3. Geraten Sie in Verwirrung, wenn Sie berühmten Leuten begegnen?
4. Haben Sie je ein bisschen Berühmtheit geschmeckt und wollten mehr?
5. Ist Ihnen klar, dass es nie »genug« sein kann, weil »Berühmtsein« ein Ersatz für Selbstachtung ist?

Rasante Hochglanzwelt

Sie kennen das Bild: Ein Model, unglaublich dünn und unglaublich chic, starrt heldisch ins Leere, hinter seiner perfekt geformten Schulter ragt aggressiv Manhattans/San Franciscos/Chicagos/Londons gezähnte Skyline auf. Durchsetzungsfähig, unschlagbar und vor allem »total in« und »total cool« signalisiert uns die Botschaft, dass auch wir idealerweise durchsetzungsfähig, unschlagbar und total in und total cool sein sollten. Wer braucht da schon Gott, wenn man mit einem solchen Kraftfeld an persönlicher Überlegenheit gepanzert ist? In der Welt der Hochglanzmagazine sind wir Gott oder wenigstens gefallene Engel.

Überschriften wie auch Bilder in diesen Magazinen suggerieren Unverwundbarkeit. Überall ist von der Power die Rede, die wir uns zulegen können, die »sexuelle Power«, die »Power des Dünnseins«, die »Power des Fitseins«, die »Power des persönlichen Charismas«. Nirgendwo in all diesem Power-Gerede findet sich das Eingeständnis, dass wir auch manchmal einen Mangel an Power verspüren oder eine »Power« finden müssen, die größer ist als wir selbst.

Die Spiritualität wird in dieser Hochglanzwelt entweder marginalisiert oder zur Sensation aufgebauscht. Wir lesen von Hollywoodstars und ihren Gurus. Wir lesen nichts über die sehr realen spirituellen Bedürfnisse, die wir alle haben. In jener Welt ist Spiritualität etwas so anrüchig Verstecktes, wie es die Sexualität einst war. Spiritualität mag etwas Menschliches sein, aber »cool« ist sie mit Sicherheit nicht.

In der Hochglanzwelt haben die Models keine alternden Eltern oder Schwierigkeiten, eine gute Kindertagesstätte zu finden. Sie haben keine Schwester mit einem Alkoholproblem, keinen Ehemann, der unter extremen Depressionen leidet. Zellulitis nimmt den Geist mehr in Anspruch als das Bemühen um ein höheres Bewusstsein. Die Models mit ihrem Model-Leben scheinen keinen Gott zu brauchen, wir aber schon.

Wenn wir einen Gott brauchen, an einen Gott glauben, uns in Krisenzeiten an Gott wenden statt an einen Therapeuten, geraten wir in Konflikt mit der Welt, die wir uns wünschen, und mit der Person, die wir, wie man uns sagt, sein sollten.

Gott außen vor lassend, sendet die Hochglanzwelt die Botschaft aus, dass, wenn du clever genug bist, »in« genug bist, genug Power hast, Gott weitaus entbehrlicher ist als eine Handtasche von Fendi.

Wenn Promis zugeben, dass sie sich einer spirituellen Praxis widmen, wird dies oft mit einem »So kalifornisch, findest du nicht auch?« abgetan. Wenn ein Star wie Richard Gere sagt, dass er Buddhist ist, heben die Medien in ihrer Berichterstattung über ihn die Absonderlichkeit seines spirituellen Weges hervor; sie geben ihm den Anstrich einer persönlichen Marotte oder von Effekthascherei, so auffallend wie sein silbriges Haar. In der Hochglanzwelt ist Spiritualität der Grund für ein Foto, »Deepak und Demi«. Auf solche Floskeln reduziert und als Modeerscheinung dargestellt, ist sie eine peinliche Phase, die manche Promis eben durchmachen: die Beatles und der Maharishi; John Travolta und L. Ron Hubbard. Wie immer sickert die Skepsis der Schreiberlinge in ihren bissig-forschen Artikeln und Kommentaren durch: »Bring's hinter dich«, besagt ihr Ton.

Das Tempo des modernen Lebens betäubt uns. Ein rasanter, adrenalingeladener Tag macht uns für zartere Gefühle und Empfindungen stumpf. Dieses »Immer mehr und mehr« lässt uns immer weniger und weniger fühlen und spüren. Wir werden für uns selbst und andere unsensibel.

Wir arbeiten zu viel und spielen zu wenig. Wir trainieren, bis Muskeln und Herz hart geworden sind. Wir tragen überwiegend Städtisch-Schwarz, um uns in der Anonymität zu verankern.

Wir klettern die Leiter hoch in unsere Köpfe und debattieren über Filme, Politik und Strategien mit einer Leidenschaft, die auf unser eigenes Leben zu richten wir uns weigern.
Wir rasen durchs Leben und gewöhnen uns an dieses Tempo, um dann danach süchtig zu werden. Wir werden vom immer schnelleren und noch schnelleren Pulsschlag getrieben. Und droht irgendjemand oder irgendetwas dieser betäubenden, aber berauschenden Geschwindigkeit im Weg zu stehen, kocht die Wut hoch: »Setz dich an die Spitze oder folge nach oder geh aus dem Weg«, knurren wir. Die langsamer vorankommen oder langsamer im Kopf sind als wir, mit ihnen verlieren wir die Geduld. Es geht nur noch um Härte und Schärfe und Stärke im Leben, um Cleverness, darum, in allem »Spitze« zu sein und »an der Spitze zu stehen«.
Die meisten von denen, die in unserer Gesellschaft darüber befinden, wer »Spitze ist« und »an der Spitze steht«, sind solche, die ihr Herz gepanzert haben und ins Cockpit ihres Oberstübchens geklettert sind. Zeitschriften und Magazine widmen sich den Modeerscheinungen, den Trends, dem letzten Schrei, dem, was »in« ist. Wir bemühen uns, auf dem »neuesten Stand« zu sein, aber in Bezug worauf? Viel von dieser Fast-Food-Lektüre ist herzlos und *schlag*fertig zynisch. Man konzentriert sich auf die Fassade des Lebens, den schönen Schein, auf den Hochglanz, auf das, was blendet.
Ich lese gerne Boulevardzeitungen. Wir pflegen diesen Mythos in unserem Land, der besagt, dass mehr, besser, schneller immer die Antwort, dass Ruhm die Patentlösung, dass Reichtum das Allheilmittel ist. Man vermeint, dass Menschen wie Tom Cruise oder Steven Spielberg über den menschlichen Gefühlen stehen, einer ungebetenen Berichterstattung, einer brutalen Presse gegenüber immun sind, sich nie über ihr Bankkonto Sorgen machen müssen, sie, die im Besitz des vollkommenen Lebens sind. Doch die Boulevardpresse, ausbeuterisch, wie sie ist, enttarnt die

Lüge, dass irgendjemand nicht den Bedingungen menschlicher Existenz unterworfen ist. Da sehen wir glanzvolle Stars an einem schlechten Tag mit Lockenwicklern im Delikatessenladen stehen. Wir erfahren, wer auf tragische Weise eine Fehlgeburt erlitt, obwohl sie sich schon so lange sehnlichst ein Kind gewünscht hat, und wer genau wie unsere Schwester eine Essstörung hat. Die Boulevardpresse mit ihrer spezifischen, grellen Neonschreibe wirkt erdend. Sie ist der »Schatten« der Hochglanzpresse. Sie erinnert uns daran, dass man dem Leben letztlich nicht entfliehen kann. Und sie führt uns auch die Kosten der rasanten Lebensweise vor. Besonders gerne fängt sie Stars am Flughafen ab und zeigt, wie sie sich, von Menschen umringt, unter Jetlag leidend wie alle anderen auch, den Weg durch den Zoll bahnen.
In Kalifornien gibt es einen beliebten Witz: »Was hast du gemacht? Facelifting oder aufgegeben?« Dieses dem Jargon der Zwölf-Schritte-Programme entstammende »Aufgeben« meint, dass wir besser aussehen, wenn wir unsere unausgesetzte Hochgeschwindigkeit aufgeben. Wir fühlen uns besser. Und können uns auch besser auf andere einstellen.

Übung

Hohes Tempo berauscht und betäubt. Erst fühlen wir uns gut, dann fühlen und empfinden wir weniger. Im Gegensatz dazu fühlen und spüren wir mehr, wenn wir unser Tempo verlangsamen. Erst fühlen wir uns schlechter. Dann fühlen wir uns besser. Vor allem aber: Wir fühlen. Suchen Sie sich zehn Zeitschriften und Magazine zusammen, dazu einen Karton in Postergröße, Klebstoff, Filzstifte und Glitter, wenn Sie mögen. Nehmen Sie sich eine Stunde Zeit, suchen Sie sich ein bequemes Arbeitseckchen und sehen Sie die Zeitschriften durch. Reißen Sie die Fotos

heraus, die Ihnen etwas über Ihr Leben sagen. Nehmen Sie sich die Zeit, Bilder zu sammeln, die Heiterkeit und Gelassenheit ausstrahlen, die Verbundenheit, Abenteuer, Wertschätzung signalisieren und irgendwie Ihr Herz ansprechen, auch wenn Sie gar nicht wissen, warum.
Suchen Sie eine Musik heraus, die Sie gern hören. Wählen Sie die Bilder aus, die Sie für eine Collage verwenden wollen. Denken Sie daran, dass Sie auch einzelne Worte als Überschriften oder »Ausrufezeichen« einsetzen können. Genießen Sie das Ganze. Was lernen Sie daraus, wenn Sie es mal langsamer angehen und sich Ihre Werte und Wertvorstellungen auf diese Weise ansehen? Schreiben Sie darüber.

Heilen auf New-Age-Art

Kürzlich nahm ich an einer Dinnerparty in Beverly Hills teil und kam neben einem angesehenen Arzt zu sitzen. Er hatte vor kurzem an einer Kreativitätskonferenz in Santa Fe teilgenommen, wo er, offensichtlich angewidert, feststellen musste, dass man dieses Thema unter Einbeziehung von für ihn »unwissenschaftlichen« Aspekten wie schamanistische Techniken und Praktiken diskutierte.

»Alles eine Modeerscheinung«, klärte er seine amüsierte Zuhörerschaft auf. Seine wissenschaftliche Ausbildung hatte ihn immerhin so aufgeschlossen werden lassen, dass er an einer Konferenz über Kreativität teilnahm, aber wiederum nicht so offen, dass er über seine persönlichen Paradigmen hinwegblicken konnte. Er hätte als Erster eingeräumt, dass Kreativität auch etwas mit der Aktivität von Gehirnwellen zu tun hat, wäre aber der Letzte gewesen, der sich vorstellen wollte, dass schamanistische Praktiken wie Trommeln, Tanzen oder Gehen auf natürliche Weise die gleichen veränderten Bewusstseinszustände herbeiführen können, die er akzeptabel fände, wenn sie durch Biofeedback, ein für ihn erkennbar »wissenschaftliches« Instrument, bewirkt würden.

Im Verlauf der letzten fünfundzwanzig Jahre hat die New-Age-Bewegung sowohl an Bedeutung gewonnen wie auch zunehmend Spott eingeheimst. Verdrossene Wissenschaftler öffneten widerwillig die akademischen Pforten für so radikale Grundgedanken wie »Beten funktioniert« (Harvard); Akupunktur könnte funktionieren, und ja, die uralten Darstellungen vom Verlauf der Energieflüsse im Körper lassen sich nun mit modernen Mitteln bestätigen.

Und doch folgte auf jeden winzigen Fortschritt in Richtung Aufgeschlossenheit eine vorhersehbare Flutwelle des Widerstands.

Manche mögen das gesund nennen, andere intellektuell starrsinnig. So wie ich das sehe, mag das Wort »bedroht« die Sachlage zutreffender beschreiben.

Obwohl unser Rechtssystem auf dem Grundsatz der Unschuldsvermutung bis zum Nachweis der Schuld basiert, gilt an unseren intellektuellen Gerichtshöfen das Gegenteil: schuldig bis zum Nachweis der Unschuld. Wir halten diese Abwehrhaltung für eine Selbstschutzmaßnahme. »Gott sei Dank gibt's die Food and Drug Administration!« Unser Sicherheitssystem wurde letzthin infrage gestellt. Wie Aids und andere »Aktivisten« fordern, könnte es sein, dass wir offener und aufgeschlossener werden müssen – und zwar rasch.

Hier bringt uns unsere kulturelle Engstirnigkeit zu Fall. Da stehen wir auf unserem niedrigen Podest von ein paar Jahrhunderten rationalen und dualistischen Denkens und blicken abschätzig auf die Traditionen und spirituellen Erkenntnisse und Beobachtungen anderer Kulturen herab.

Für eine angeblich das Prinzip des Gleichheitsgedankens vertretende Demokratie sind wir ausgesprochen hierarchisch denkend und strukturiert. Wir haben kulturelle und intellektuelle Hierarchien, die wie eine Reihe von Schranken oder Sperren funktionieren. Wir sind auf Spezialisierung getrimmt. An der Spitze unserer Hierarchien stehen Experten, die immer mehr und mehr über immer weniger und weniger wissen. Wir selber sind die Nachzügler. Wir halten nichts davon, dass Schamanen Kräuter, Wurzeln und Beeren einsetzen, nur um dann zu entdecken, dass diese als Arzneimittel absolut wirksam und sinnvoll sind.

Wir haben grauenhafte Angst davor, die Tore zu unseren intellektuellen Festungen zu öffnen und dann von Wilden überrannt zu werden. Oft machen wir ein Tor kurz auf, nur um es dann wieder ganz schnell ganz fest zu schließen!

Ich denke da an das kürzlich explosionsartig aufgeflammte Interesse an der so genannten Energiemedizin. Kaum hatten wir die Tür für den Gedanken geöffnet, dass wir durch das intuitive Arbeiten mit den Körperenergien schonend und ohne Einsatz von Medikamenten heilen könnten, da haben schon einige ebenjener Leute, die diese Tür geöffnet hatten, mit dem Aufbau ihrer eigenen Hierarchie begonnen. Statt zufrieden zu sein und zu sagen: »Das können wir, und mit der Zeit lernen wir mehr und mehr darüber«, statt die Tür auf sanfte Art weit offen zu halten, wurde eine neue Arena aufgetan, in der Experten mit spitzen Ellbogen konkurrieren (und durch das Verleihen von »Zertifikaten« an andere Geld scheffeln) können. Man erzählte uns, dass Auras »immer« ganz bestimmte Farben aufweisen. Dass Krebs und andere Störungen »immer« (nicht typischerweise) ein bestimmtes Bild ergeben, und wenn nicht, dann irrst du dich eben. Wir öffneten die Tür für den – jahrtausendealten – Gedanken, dass Berührung heilend wirkt, setzten aber rasch hinzu: »Lasst aber bloß nicht einen jeden, der daherkommt, sich einen Heiler nennen.« Wie viel interessanter wäre es doch, wenn wir uns weniger elitär gegeben hätten, eigensinniger demokratisch geblieben wären und auf sanfte Weise kollektiv experimentiert hätten! Wir haben so große Sorge, dass wir die Heilkünste nicht richtig praktizieren könnten, dass wir das Heilsame am Versuch, sie überhaupt zu praktizieren, ganz aus den Augen verlieren.

Übung

Wenn sich der Begriff »New Age« nun schon ein bisschen antiquiert anhört, dann vielleicht deshalb, weil uns das New Age erhalten bleiben wird. Ideen, die noch vor einem Jahrzehnt weit hergeholt schienen, wirken jetzt bereits wie ein alter Hut. Methoden und Praktiken, die damals radikal waren und als bekloppt galten, sind nun Mainstream. Meditation ist inzwischen fester Bestandteil des Marktes und nennt sich »Stressbewälti-

gung«. Krankenkassen leisten zumindest in bestimmten Fällen einen gewissen Beitrag bei Akupunkturbehandlungen. Die Apotheken haben homöopathische Arzneien auf Lager. Sie können auch noch in der abgelegensten Provinz Yogakurse belegen. Wer aber beispielsweise in einer Universitätsstadt wie Cambridge, Massachusetts, lebt, wird sich wohl leidenschaftlich gegen all diesen New-Age-Kram wehren.
Beantworten Sie das folgende New-Age-Quiz, indem Sie Ihre Gedanken dazu schriftlich formulieren.

1. Wie reagieren Sie auf den Begriff »New Age«?
2. Stößt Sie irgendetwas am New Age ab?
3. Fasziniert Sie irgendetwas am New Age?
4. Üben Sie sich in irgendwelchen New-Age-Praktiken?
5. Sind Personen aus Ihrem Freundeskreis in die New-Age-Bewegung involviert? Wie wirkt sich das auf sie aus?

Wenn Sie dem New Age noch nie begegnet sind, möchten Sie vielleicht damit experimentieren:

1. Suchen Sie einen Esoterikbuchladen auf. Blättern Sie in einem guten New-Age-Buch, zum Beispiel in *Stell dir vor: kreativ visualisieren* von Shakti Gawain.
2. Schauen Sie sich in dem Esoterikladen die verschiedenen Tarotdecks an.
3. Lassen Sie sich einen Katalog für Tonbandkassetten mit spirituellem Inhalt geben.
4. Hören Sie sich New-Age-Musik an.
5. Nehmen Sie an einer New-Age-Konferenz teil.
6. Experimentieren Sie mit Runen.
7. Experimentieren Sie mit Aromatherapie.
8. Lassen Sie sich von jemand die Tarotkarten legen.
9. Suchen Sie ein spirituelles Medium auf.

Zwölf-Schritte-Programme

Zum Missvergnügen sowohl der spirituell traditionell denkenden wie auch der therapeutisch orientierten Menschen leben wir in einer Zeit, in der viele Personen durch Zwölf-Schritte-Programme (wie etwa dasjenige der Anonymen Alkoholiker) zu ihrem authentischen spirituellen Weg gelangen. Kann denn etwas, das gratis ist und ohne Lehrer funktioniert, gut für uns sein?

Die Zwölf-Schritte-Programme sind eine unhierarchische, sich selbst organisierende, von ihrer jeweiligen Örtlichkeit gefärbte Bewegung. In Manhattan plätschert der Strom des Therapiejargons durch die Räume. In Los Angeles prägen und färben die Mechanismen der New-Age-Metaphysik die Wahrnehmung. Das »Programm«, wie es von seinen Anhängern genannt wird, ist eine riesige und vielfältige menschliche Version des Internets. Der Austausch bringt gewissermaßen eine Suchmaschine in Gang.

»Ich habe Schwierigkeiten mit meinem Boss. Er ist tobsüchtig. Hat irgendjemand Erfahrungen damit?«

Es ist alles eine Frage des Gleichgewichts und der Ausgewogenheit. Wer zu wenig Verantwortung übernimmt, muss lernen, mehr zu übernehmen. Wer zu viel Verantwortung übernimmt, muss lernen, weniger auf sich zu nehmen und sie dahin zu verweisen, wo sie wirklich hingehört. Die in den Zwölf-Schritte-Räumen verbrachte Zeit impliziert einen langwierigen Prozess der sanften Einstimmung und Ausrichtung. Die Gruppen funktionieren vergleichbar einer Gruppe von Walen: Sie lauschen und geben Töne von sich und erspüren ihre eigene spirituelle Position mithilfe der Resonanz in der Gruppe.

Die kollektive Energie der Gruppe kann die Energie des Individuums erden oder anheben. Jemand, der nach einem entsetzlichen Tag im Büro abgespannt und der Hysterie nahe zum abendlichen Treffen kommt, wird geerdet, und der Tag reduziert sich auf etwas minder Gewaltiges als den Weltuntergang. Oder aber ein nagendes persönliches Problem wird plötzlich geklärt. »Das ist es! Meine Frau hört mir nicht zu.«

So wie das Internet die konzentrierte Macht des Verlagswesens aufgebrochen hat, haben die Zwölf-Schritte-Programme die konzentrierte Macht der traditionellen Kirchen gebrochen. In der Zwölf-Schritte-Bewegung wird allen Mitgliedern spirituelle Gleichheit und Autonomie zugestanden. Niemandes Version von Gott gilt der Version eines anderen überlegen. Es gibt keine Priester, Geistliche oder Rabbis, die den »bewussten Kontakt« mit dem Göttlichen für dich herstellen. Vielmehr nennt das *Blaue Buch* der Anonymen Alkoholiker eine solche spirituelle Verbindung eine »unvermutete, innere Hilfsquelle«. Mit anderen Worten, niemand braucht hier einen Vermittler. Jedermann hat einen direkten Draht zu Gott, ganz gleich, wie sie oder er sich diesen Gott oder diese spirituelle Quelle vorstellt.

Das Arbeiten mit den Zwölf-Schritte-Programmen ist spirituelle Arbeit, nicht Selbsthilfe, auch wenn es gegenwärtig Mode ist, diese Bewegung als eine Bewegung von »Selbsthilfesüchtigen« abzutun. Irgendwie scheint es politisch korrekter zu sein, sich in das geschlossene System des gemeinschaftlichen Narzissmus zu begeben, das die Beziehung zwischen Therapeut und Klient nun mal darstellt, als in das offenere System einer Gruppe.

Zum Teil ist das unserer bekannten Vorliebe für Experten zuzuschreiben. Wir gehen zum Therapeuten wie zum Mechaniker: »Reparier's.« Wir zahlen auch dafür – und oftmals sehr viel –, was uns unter Umständen veranlasst, der Sache einen höheren Wert beizumessen. Um keine Missverständnisse aufkommen zu lassen, manche Therapeuten sind überaus befähigte und zutiefst einfühlsame Heilerinnen und Heiler, aber viele sind es eben auch nicht. Viele Therapeuten sind, wie die von ihnen behandelten

Klienten, total kopflastig und intellektualisieren und theoretisieren über Probleme und Muster, statt ihre Bequemlichkeitssphäre zu verlassen und sich in die schmutzigen und unerfreulichen Niederungen der Gefühle zu begeben.
Zwölf-Schritte-Gruppen sind unordentlicher und ungepflegter, doch vielleicht sollten wir sie als einen natürlichen Spross unseres eigensinnigen amerikanischen Individualismus betrachten. Wir haben eine Kultur des Unternehmertums, fangen immer wieder hartnäckig mit der Gründung kleiner Geschäfte an und erlernen den Umgang mit dem Internet in Warpgeschwindigkeit. Vielleicht ist unsere Neigung zur Hilf-dir-selbst-Hilfe ein Zeichen unserer kulturellen Unabhängigkeit und *nicht* unserer chronischen Abhängigkeiten. Vielleicht fühlen wir uns aufgrund unseres uramerikanischen Verlangens, »es selbst zu machen«, zu dieser spirituellen Autonomie der Zwölf-Schritte-Gruppen hingezogen, so wie wir uns vielleicht nach Kataloganleitung selber eine Holzhütte bauen. Es ist möglich, ja sogar wahrscheinlich, dass die Experten und Kritiker die Sache genau falsch herum verstehen: Die Zwölf-Schritte-Gruppen sprechen den Anarchisten in uns an, nicht das Schaf. Kann sein, dass viele »Selbsthilfesüchtige« in Wirklichkeit ziemlich abenteuerlustig und von Forscherdrang beseelt sind und Spaß an den polyglotten Erfahrungen haben, die ihnen die Zwölf-Schritte-Gruppen ermöglichen. Sie finden es vielleicht erfrischend, mit Leuten völlig unterschiedlicher Herkunft und aus ganz verschiedenen Verhältnissen Umgang zu pflegen. Diese Gruppen sind weit davon entfernt, den Roboter in uns anzusprechen; sie ziehen vielmehr den inneren Anarchisten an, der sich an der Schwarzmarktspiritualität, der er dort begegnet, begeistert.

Übung

Jedes Mal, wenn wir eine aktive Sucht haben, steht sie unmittelbar zwischen uns und Gott. Unser Bewusstsein ist nicht auf den bewussten Kontakt mit einer Macht gerichtet, die größer ist als wir selbst, sondern auf den Zugang zu oder die Verfügbarkeit des Suchtmittels unserer Wahl, seien es nun Alkohol, Drogen, Essen oder ein anderer Mensch. C. G. Jung erklärte Bill Wilson, dem Begründer der Anonymen Alkoholiker, dass sich eine Sucht am effektivsten mit der spirituellen Herangehensweise bekämpfen lasse. »Spiritus contra spiritum«, so sagte er.
Die Zwölf-Schritte-Programme sind nicht die einzige Möglichkeit, sich von einer Sucht zu befreien, aber wahrscheinlich der effektivste, zugänglichste und am wenigsten kostspielige Weg. Schauen Sie sich die folgenden Fragen an, den Stift in der Hand:

1. Haben Sie eine Beziehung zu einer Person, einem Ort oder irgendeinem Ding, die Sie als Sucht ansehen würden?
2. Halten Sie es für möglich, dass Sie diese Sucht aufgeben und um Hilfe ersuchen müssen?
3. Nachdem Sie sich informiert haben: Wie stehen Sie zu den Zwölf-Schritte-Programmen?
4. Falls überhaupt, welche emotionalen oder intellektuellen Vorbehalte haben Sie gegenüber den Zwölf-Schritte-Programmen?

Sollte es bei Ihnen einen Bereich geben, der Ihrem Gefühl nach außer Kontrolle geraten sein *könnte*, oder sollten Sie damit zu kämpfen haben, ihn unter Kontrolle zu halten, dann beantworten Sie folgende Fragen:

1. Welcher Vorfall oder welche Vorfälle gaben Ihnen das Gefühl, Ihr Leben nicht im Griff zu haben?

2. Welche Ihrer Verhaltensweisen widerspricht Ihrem eigenen Wertesystem?
3. Wie viel Prozent Ihrer Zeit verwenden Sie darauf, sich besessen mit »dem Problem« zu beschäftigen?
4. Wann hatten Sie zum ersten Mal das Gefühl, die Kontrolle darüber verloren zu haben?
5. Welche Strategien haben Sie angewandt, um Ihre Obsession oder Ihr Verhalten unter Kontrolle zu bekommen?
6. Inwiefern lohnt es sich möglicherweise für Sie, weiterhin an dieser Person oder an diesem Verhalten festzuhalten?
7. Können Sie sich ein von dieser Obsession befreites Leben vorstellen?
8. Machen diese Fragen Sie traurig oder wütend?
9. Was sollten Sie Ihrer Meinung nach in Bezug auf Ihre Situation tun?
10. Wann können Sie es tun? Tun Sie's!

Freundlichkeit und Güte

Zwei Wochen bin ich nun schon ans Haus gefesselt, kann ich nicht fort aus dem kleinen Häuschen mit dem grauen Schindeldach, das ich mein Zuhause nenne. Ich sitze auf der grauen Samtcouch und schreibe oder wage mich bis zum Schaukelstuhl auf der Veranda vor. Ich hasse mein Eingesperrtsein, auch wenn es, wie Gefängnisse es manchmal so an sich haben, idyllisch ist. Da steht ein rosaroter Rosenstrauch in glanzvoller Blüte. Mein Garten grenzt an die gartenbauliche Pracht meiner Nachbarin, ein Magnet für Schmetterlinge, Kolibris und Katzen.

Ich hasse es, krank zu sein, ich bin »nie« krank – und die Tatsache, dass ich zeitweilig außer Gefecht gesetzt bin, erfüllt mich mit Wut, Selbstmitleid und Staunen über den großen Mut, den so viele Menschen an den Tag legen, die sich in weitaus mehr herausfordernden Situationen befinden. Ich bin in kein Rückenkorsett eingezwängt. Ich habe kein Aids.

Zum zweiten Mal in meinem Leben reagiere ich empfindlich auf Elektrizität. Es scheint irgendwie mit dem »Hereinbringen« eines umfangreicheren Werkes in Verbindung zu stehen, und hier vor allem, wenn es um Musik geht. Wenn ich mich in Neonlicht aufhalte, kribbelt mein Körper, wird mir schwindlig, schmerzen meine Gelenke und ist mir übel. Ich muss da raus – und zwar schnell. Computer rufen eine ähnliche Reaktion hervor. Kühlschränke wirken wie Grippe auf mich. Normales elektrisches Licht kann in meinen Händen ein Prickeln auslösen. Ich lebte bei Kerzenlicht und suchte nach Wegen, diese unangenehme und beängstigende Reaktion in den Griff zu kriegen. Ich habe Bücher über Umweltallergien gelesen, mit Psychiatern, Psychologen, Internisten und Geistheilern gesprochen. In der einen oder anderen Form sind sich alle darin einig, dass meine Schwingung zu hoch ist und mit einer Anzahl bekannter Mittel heruntergeschraubt werden muss:

Diät, Medikamente, Klänge, Körperübungen, spirituelle Praxis. Alle Mittel wirken. Früher oder später mindern eines oder mehrere meine Überempfindlichkeit. Aber natürlich habe ich Angst, dass sie nicht wirken, dass meine Sensitivität sich immer höher und höher schraubt und ich schließlich, so manchmal mein Gefühl, als Häufchen Asche oder Mumie enden werde, wie man es in Science-Fiction-Filmen sieht.

»Julia«, sage ich mir dann, »die Menschen haben jahrhundertelang bei Kerzenlicht gelebt. Nimm's leichter. Geh's langsamer an. Akzeptier's.« Ja Pustekuchen.

Da sitze ich also mit meinem hübschen Ausblick auf den Garten, meinen beiden kleinen Hunden und meinem sehnsüchtigen Verlangen, all dieser Gemütlichkeit zu entfliehen, in meinen Wagen zu steigen und zu fahren und zu fahren – in weites, offenes Land und ein weniger klaustrophobisches Leben. Ich nehme an, dass ich dabei etwas lerne. Die übliche »Lektion« meines leidenschaftlichen, ruhelosen Wesens, eine Lektion, die ich schon auswendig kenne.

Meine Nachbarin nebenan hat ein krankes Herz. Sie ist klapperdürr und blass und hat große, verängstigte Augen. Sie wird sich in zwei Wochen einer Operation unterziehen, einem Geschehen, dem sie sich stellt, indem sie sich immer tiefer und tiefer in ihre buddhistische Praxis begibt. Dennoch kann ich ihre Angst spüren. Sie ist so sanft, so intensiv lebendig, so freundlich und liebenswürdig. Freundlichkeit und Liebenswürdigkeit ist das, was ich inmitten all dieses Krankseins um mich herum finde. Das habe ich nicht erwartet. Und doch reicht mir meine Gartennachbarin den Namen einer Yogalehrerin herüber und erzählt mir, sie hatte einmal eine Zeit der Ängste durchzustehen und diese Lehrerin habe ihr auf sanfte Weise geholfen, sie zu überwinden. Ich rufe die Lehrerin an und bin von ihrer unerwarteten Freundlichkeit berührt und über meinen eigenen Zynismus verwundert, der mich solche Freundlichkeit »unerwartet« finden lässt.

Das Gute ist zu allen Zeiten und allerorten präsent und aktiv. Inmitten von Terror und Leiden sind Freundlichkeit und Güte nach wie vor hartnäckig und eigensinnig unterwegs. So grausam die Menschen auch sind, sie sind mit Sicherheit auch gütig. Das vergessen wir. Die Medien bringen uns bei, es zu vergessen, und wenn wir uns wieder daran erinnern, wird uns leichter ums Herz. Freundlichkeit und Güte sind überall möglich.
Der große Feind unseres Impulses, freundlich und gütig zu sein, ist unser Zeitgefühl. Wir fühlen uns zu gehetzt und getrieben, um uns den winzig kleinen zusätzlichen Moment zu nehmen, den wir brauchen, um diesem Impuls nachzugeben. Wir bemerken, dass die Angestellte im Delikatessenladen eine neue Frisur hat, nehmen uns aber nicht die Sekunde Zeit, um ihr ein Kompliment zu machen. Wir sehen, dass sich die junge Mutter mit dem Kinderwagen, den Einkäufen und einer Tür abmüht, überlassen sie aber ihrem Schicksal. Wir sind mit unserem eigenen beschäftigt.

Übung

Manchmal kann etwas Süße in unserem Leben sehr viel zur Verbesserung unserer spirituellen Verfassung beitragen. Greifen Sie zum Stift, und zählen Sie fünf Dinge auf, die Sie tun könnten, um zu sich selbst gütig und freundlich zu sein, und fünf Dinge, die Sie tun könnten, um zu anderen freundlich und gütig zu sein. Denken Sie daran, sehr genau und spezifisch das zu wählen, was sich *wirklich* gut anfühlt, nicht, was sich gut anfühlen *sollte*, zum Beispiel:

1. sich neue Schnürsenkel besorgen,
2. sich eine bessere Haarbürste kaufen,
3. sich hübsche Briefmarken holen,

4. die lang gewünschte CD kaufen,
5. Wasser mit Zitronensaft versetzen und sehr viel mehr davon trinken.

1. Der Schwester rote Socken schicken,
2. der Tochter Geld fürs Kino geben,
3. die alte Lehrerin anrufen und sich nach ihrer Gesundheit erkundigen,
4. einer Freundin ein Süppchen kochen,
5. einer Freundin, die an Depressionen leidet, Harry-Potter-Bücher schicken.

Suchen Sie sich nun aus jeder Kategorie etwas aus, und tun Sie's einfach. Seien Sie gut zu sich selbst und zu jemand anderem.

Rastlosigkeit

Ich denke, dass wir da einen blinden Fleck haben könnten. Wenn wir auf spirituelle Praktiken und die Früchte, die sie tragen können, zu sprechen kommen, erwähnen wir auch bald den »inneren Frieden«. Wenn wir uns Buddha vorstellen, sehen wir ihn vor uns, wie er – aller weltlichen Sorgen und Belange unendlich fern – heiter gelassen lächelnd unter dem Bodhibaum sitzt, die ein Mudra bildenden Hände sanft ineinander gelegt. Darauf sind wir aus, dies streben wir an, die innere unbezwingliche Festung heiterer Gelassenheit. Wir stellen uns den Buddha nicht in den langen Jahren nach seiner Erleuchtung vor, als den umherziehenden Lehrer mit einer Mission. Aber genau das wurde er. Der innere Friede mag ein Geschenk spiritueller Praxis sein, die Rastlosigkeit jedoch ein anderes. Gurumaya reist um die Welt. Mutter Teresa arbeitete unaufhörlich. Auch Jesus Christus war ein umherziehender Lehrer, der das Heilige Land durchstreifte, um seine Botschaft zu verbreiten.

Swami Muktananda kam nach Amerika. Und auch Paramahansa Yogananda. Als sich die Lampe der Erleuchtung in ihrem Herzen entzündete, wurden sie ihrerseits zu Entzündern der Lampe in anderen. Sie lehrten durch ihr Beispiel und durch das Wort, und sie lehrten unaufhörlich. Zentren wurden gegründet. Publikationen herausgebracht. All dem mag der Frieden des Dharma innegewohnt haben, doch es war auch eine gehörige Portion Rastlosigkeit dabei.

Die Nonne, die die Analphabeten in der Gemeinde unterrichtet, die Hausfrau, die Kleider für die Wohlfahrt sammelt, der Augenchirurg, der zweimal im Jahr seine Zeit und sein Können in Südamerika zur Verfügung stellt – all das sind Beweise dafür, dass ein erwecktes Herz sich dadurch zum Ausdruck bringt, dass es sich nach außen wendet, nicht nach innen.

Mit zweiundachtzig führt mein Freund, der Schauspieler, Komponist, Maler und Schriftsteller Max Showalter, ein sehr intensives spirituelles Leben. Er engagiert sich aktiv im Gemeindetheater. Sein Weihnachtsmusical »The Touch of the Child« wird jedes Jahr aufgeführt, und sein Regieblick ruht auf hundert jungen Leuten. Wie eine ins Fenster gestellte Lampe wirft Showalter einen weiten Lichtkreis.

»Du kannst dich auf das Positive einstellen«, erklärt er. »Tatsache ist, du *musst* dich auf das Positive einstellen. Dadurch kannst du die Erfahrung höherer Reiche machen. Wir wollen das Positive hereinbringen. Die spirituellen Bereiche sind eine Realität, und die Leute müssen wissen, dass sie eine Realität sind. Das versuche ich in meiner Arbeit zum Ausdruck zu bringen.«

Max, ein gewitzter, wohl geerdeter und mit einem guten Geschäftssinn ausgestatteter Mann, ist sowohl weltgewandt als auch weise. Weit davon entfernt, sich durch die Tatsache, dass er so viel Wert auf das Spirituelle legt, vom Geschäftsleben abhalten zu lassen oder es zu meiden, sieht er es vielmehr als bewusst gewählte Strategie für den Umgang mit dem Leben an.

Viele sehen im Dalai-Lama einen Gipfelpunkt dessen, was man als Mensch zu leisten und zu erreichen vermag. Obwohl er sein Land verloren hat, erleben wir ihn als einen Mann des Friedens. Er mag im Frieden des rechten Handelns leben, aber das Handeln ist ebenso ein Eckpfeiler seines Lebens wie der Frieden. Er schreibt. Er veröffentlicht. Er reist. Er lehrt. Forschende Intelligenz und Umherreisen kennzeichnen sein Leben. Wenn das Frieden ist, und das könnte so sein, dann ist es ein *aktiver* Frieden. Ein erwachtes spirituelles Herz ist oft das Herz eines Aktivisten.

Übung

Manchmal haben wir den Wunsch, umfassende und umwälzende Veränderungen in unserer Welt vorzunehmen. Wir möchten gerne etwas bewirken, wissen aber nicht, wie wir es bewerkstelligen sollen. Große Veränderungen fangen mit kleinen Unternehmungen an. Und der erste Schritt dazu ist Klarheit. Wir müssen herausfinden, was unsere Werte sind, bevor wir wissen können, welche Unternehmungen für uns einen Wert haben.
Legen Sie drei vertikale Spalten an. Führen Sie in Spalte eins alle Personen auf, die Sie bewundern. Notieren Sie in Spalte zwei, was Sie an ihnen bewundern. Führen Sie in Spalte drei eine Handlung auf, die Sie, von deren Werten inspiriert, unternehmen könnten.
Beantworten Sie nun folgende Fragen:

1. Welche Eigenschaften oder Qualitäten sind den Personen, die Sie bewundern, gemeinsam?
2. Welche Aktivitätsbereiche haben Sie gemeinsam?
3. Was hat Sie das über Ihr eigenes Wertesystem gelehrt?
4. Auf welches kleine persönliche Engagement könnten Sie sich im Einklang mit Ihren Werten einlassen?
5. Lassen Sie sich darauf ein, handeln Sie. Achten Sie darauf, dass es sich um eine überschaubare und machbare Angelegenheit handelt. Besser, eine kleine regelmäßige Verpflichtung einzugehen, als übermäßig ehrgeizig zu sein, das Ganze zu vermasseln und sich dann davon entmutigen zu lassen.

Dienen

Der heilige Paulus stürzte vom Pferd. Jeanne d'Arc hörte »Stimmen«, aber die meisten von uns ereilt kein solch spektakulärer Ruf zum Dienen. Für uns ist es eine unbequeme und unspektakuläre spirituelle Anweisung. Und doch öffnet das Reagieren auf ihr Drängen eine Pforte im Herzen, durch die vielleicht das Schicksal eintritt.

An einem Spätherbstnachmittag in New Mexico streicht ein Mann Polierwachs auf seinen Wagen mit Allradantrieb. Ein Junge aus der Nachbarschaft, Sohn eines geschiedenen, zweitausend Meilen weit entfernt lebenden Vaters, kommt auf seiner Spritztour vorbei, sieht den Mann und winkt ihm zu: »Hey! Was machst du da?« Der Mann bedeutet ihm: »Komm her.« Der Schlaks klettert aus seiner alten Karre.

»Erst wachsen wir meinen ein, dann deinen«, bietet ihm der Mann an.

Die Sonne brennt auf sie herab, während er nun zwei Stunden lang den Jungen geduldig in das Mannesritual der Wagenpflege einführt. Als die Dämmerung hereinbricht und die Lichter aufflammen, macht sich der Junge wieder auf den Weg. Sein alter Klapperkasten glänzt wie Emaille, sein breites Grinsen zum Abschied hängt ihm ein wenig schief im Gesicht.

»Ich dachte einfach: Zeig dem Jungen, wie man das macht«, erinnert sich der Mann. Es war nichts Dramatisches, nur einfach der rasche Impuls, ein bisschen was Gutes zu tun. Der Mann und der Junge sind nun seit zehn Jahren Freunde. Der Junge ging aufs College und nahm seinen ersten Job an. Der Mann wurde ein hervorragender Pädagoge und ist auf Kinder aus geschiedenen Ehen spezialisiert. Wer weiß? Vielleicht hat ihm der Junge ebenso geholfen. Sie brachten sich beide gegenseitig auf den Weg.

Eine Hausfrau in Akron, Ohio, hängt Laken auf eine Leine, um ihre Familie mit frisch duftender Wäsche zu verwöhnen. Sie schüttelt ein Betttuch aus und hält überwältigt inne, während das Laken in der Brise flattert. »Alles ist perfekt«, kam es ihr plötzlich in den Sinn. Ihre Liebe zu ihrem Mann, zu ihren Kindern, der sonnige Nachmittag, das schwach vernehmbare Rauschen, das von der einige hundert Meter entfernten Autobahn herüberdringt, alles das ist so *richtig*. Sie streicht das flatternde Laken glatt und macht es mit vier Holzwäscheklammern an der Leine fest. So altmodisch, warum benutzt sie nicht den Wäschetrockner? Aus Liebe, aus Liebe hängt sie die Laken auf die Leine, damit ihr Mann mit seiner Wange die Frische einer altweibersommerlichen Brise berühren kann.

In spirituellen Büchern finden sich Worte für das, was hier geschehen ist. Die Wäsche aufhängende Mutter war während einer alltäglichen Beschäftigung plötzlich ins »Einssein« eingetaucht, sie war von einer »einenden« Erfahrung durchdrungen. Propheten und Mystiker machen solche Erfahrungen, wir aber auch. Wir stehen im Hinterhof oder in der Auffahrt, nicht auf dem Berg Sinai, aber unser Impuls, unseren Leuten zu dienen, öffnet plötzlich einem Gefühl von Gott die Tür, einem Gefühl von einer »guten ordentlichen Richtung«, könnten wir sagen.

Es ist ein flüchtiger Moment, aber ein realer. Die Wellen teilen sich oder die Wolken, und da ist sie, die unsichtbare Gestalt, »Gottes Schulter«. Wir beten, und unsere Gebete werden im Vorübergehen erhört. Wir müssen wach sein.

Eine ehemalige Nonne erinnert sich: »Wie kann ich dir am besten dienen?«, betete sie. Sie war mit ihrer Berufung glücklich und widmete sich hingebungsvoll den Kindern in der Grundschule, die sie unterrichtete. Zwei Tage später erhielt sie einen Anruf. Ein tragischer Autounfall, Carol, die Frau von Jimmy, ihrem Freund in der High School, war plötzlich tot. Sie hinter-

ließ Jimmy und vier Kinder, alle völlig gebrochen vor Kummer. Die junge Nonne bot ihre Hilfe an. Was konnte sie tun?
Sie sprach mit den Kindern. Sie sprach mit Jimmy. Sie half bei den Vorbereitungen für das Begräbnis. Danach kamen sie und eine andere Nonne weiter zu ihnen ins Haus – Geschirr in der Spüle, Wäsche in den Fluren. »Er braucht eine Frau, sie brauchen eine Mutter«, dachte die junge Nonne. Und plötzlich sah sie ihre Zukunft kristallklar vor sich.
»O mein Gott! O mein Gott!« Sie stand an der Küchenspüle, hatte die Hände im seifigen Wasser.
»Was hast du? Hast du dich geschnitten?«, fragte ihre Mitschwester.
»Nein, nein, es ist nur ...«
Wie konnte sie es erklären? Sie hatte ihre Gebete gesprochen, hatte Gott nach seinem Willen befragt, und jetzt, die Hände im Abspülwasser, wusste sie, was dieser Wille war.
Carol war ihre Freundin gewesen. Jimmy war der eine Mann gewesen, den sie geliebt hatte, bevor sie die Männer aufgab. Kinder waren ihre Berufung. War sie verrückt? Würde Jimmy sie überhaupt wollen? Was war mit ihren Vorgesetzten, ihren Gelübden? Und sie, eine Zölibatäre, eine Geweihte – war diese plötzliche Hinwendung ihres Herzens zu Jimmy Liebe?
»Wie kann ich dir am besten dienen?«, hatte sie gebetet. Geschirr, Wäsche, Töpfe und Pfannen, Staubsaugen, Anziehsachen für die Schule, Hausaufgaben, Wochenendbesuche, um das schlingernde Schiff auf Kurs zu halten. Jimmys Kummer, ihr eigener, der der Kinder. Thanksgiving, Weihnachten, bittere Festtage, bei denen sie zu helfen versuchte. Nächtliche Gebete in ihrer Zelle. Die Antwort? Immer dieselbe: Jimmy und die Kinder. Dann sprach sie, mit brennend roten Wangen, mit ihrer Mutter Oberin, die meinte, sie solle erst mit Jimmy sprechen, und dann wandten sie sich an den Bischof und den Vatikan, und alle waren sich wundersamer- und unerklärlicherweise darin einig,

dass diese Braut Christi nun Jimmys Braut sein sollte, dass dies Gottes Wille war. Sie wurde aus ihren Gelübden entlassen, gab neue Gelübde ab, aus der jungen Nonne wurde eine Ehefrau. Was in Gottes Namen? »Er braucht eine Frau, sie brauchen eine Mutter. Wie kann ich dir am besten dienen ...?« Es war alles eins geworden.

Einer der Gründe, warum wir meinen, dass Gebete nicht erhört werden, ist der, dass uns die Antworten, die wir bekommen, nicht gefallen. Wir werden erhört, o ja. Wir werden geführt, aber was wir da hören, steht manchmal unseren eigenen Plänen entgegen, widerspricht unseren Absichten.

Wir werden aufgefordert, zu dienen, wo wir doch vielleicht gebetet und darum gebeten haben, dass die Welt uns dienen möge.

Übung

Wenn wir das Wort »dienen« hören, meinen wir oft, etwas tun zu müssen, das wir *hassen.* Die beste Art zu dienen ist die, dass wir unsere Freude an etwas weitergeben, das wir *liebend gern* tun.

1. Was können Sie gut und könnten es jemand anderem beibringen?
2. Gibt es eine einfache Form des Dienens, der Sie regelmäßig nachgehen könnten?
3. Ist Ihnen aufgefallen, dass Dienen eine stimmungsaufhellende »Droge« ist, die Sie glücklich macht?
4. Sehen Sie eine Möglichkeit, Ihre Kreativität in irgendeiner Form für das Dienen einzusetzen?
5. Macht Sie das Wort »dienen« nervös?

Nichtanhaftung

Man sagt des Öfteren, dass zum Lohn der Meditation das Nichtanhaften gehört. Das klingt idyllisch in unseren Ohren. Wir übersetzen es so für uns: »Großartig. Jetzt werde ich nicht mehr übers Ohr gehauen oder eingeseift.« Wir setzen es mit Abstumpfung, Gleichgültigkeit gleich, wohingegen es in Wirklichkeit etwas meint, das wohl dem Gleichmut näher kommt. Wir meinen leicht: »Nichtanhaften bedeutet, dass mir nichts mehr etwas ausmacht.« In Wirklichkeit ist wohl eher gemeint: »Es macht mir was aus, aber ich mache mir nichts draus, dass es mir was ausmacht.«

Häufig glauben wir, dieses Nichtanhaften wäre das magische Ticket, das es uns ermöglicht, um das ganze Gefrett mit dem Lieben von anderen Menschen herumzukommen. Doch könnte es genauer gesagt das Ticket sein, das uns ermöglicht, den ganzen Ärger mit dem Lieben hinzunehmen.

Jeder Tagesmarsch konfrontiert uns mit Begebenheiten, die sich drohend vor uns auftürmen und uns überwältigend erscheinen. Aber wenn wir dann ein paar Monate später darauf zurückblicken, fragen wir uns: »Was war denn eigentlich schon groß daran?« Mit anderen Worten, wir sind zu einer ausgewogeneren Perspektive gelangt. Und das ist in Wirklichkeit mit der Nichtanhaftung gemeint.

Die Leute sagen mir, dass sie nicht anhaften wollen, und ich sage ihnen, dass sie zuerst an etwas haften *müssen*. Bei der Spiritualität geht es um die Verbundenheit mit Gott und untereinander.

Verfolgt man sie intensiv genug, führen alle spirituellen Wege zurück zur Verbundenheit. Der Entsagende zieht sich aus der Welt zurück, um Gott zu suchen, nur um dann die Welt *in* Gott und Gott in der Welt zu entdecken. Der gläubige Mensch, der

Einkehr hält, um Gott in sich zu finden, entdeckt Gott schließlich in jedermann. Der Buddhist, der die Anhaftung aufgibt, um zur Erleuchtung zu gelangen, erlangt am Ende ein zärtliches, liebevolles erwachtes Herz. Bis es zu diesem »Ende« kommt, mag es allerdings ein Weilchen dauern. Es versacken ebenso viele Menschen in einer egozentrischen spirituellen Praxis, wie sich Menschen in der Falle einer jahrelangen, um das Ich kreisenden Therapie verfangen.

Sich mehr nach »Verbundenheit« als nach »Nichtanhaftung« zu sehnen, könnte ein Merkmal spiritueller Reife sein. Wenn wir verbunden sind, sind wir voll bewusst. Wir sind sowohl für den gegenwärtigen Moment wie für den Überblick verfügbar. Wir können für das Leid und für das Lachen da sein. Wir haben nicht mehr das Bedürfnis, uns von unseren Erfahrungen zu distanzieren. Wir erfreuen uns des Gleichmuts. Wenn wir verbunden sind, kommt auch wieder der Humor ins Spiel. Wir mögen reizbar sein, können aber über unsere Reizbarkeit lachen. Wir merken, dass wir uns nicht so sehr von anderen als vielmehr von uns selbst lösen. Wir haben ein merkwürdiges Gefühl von Gleichheit. Unsere persönlichen Pläne und Anliegen ragen nicht mehr wie Kolosse in unserer emotionalen Landschaft auf. Wir erfahren uns oft zum ersten Mal in unserem Leben als Arbeiter unter Arbeitern und Freund unter Freunden. Es liegt eine wundervolle Ironie darin, dass wir uns in unserem Bestreben, eine Verbindung mit dem Wert und der Bedeutung allen Lebens einzugehen, von der selbstgefälligen Wichtigkeit lösen, die wir uns selbst und unserem Dasein beimessen. Wir machen die Erfahrung eines großen Paradoxons menschlicher Existenz: Wir sind alle einzigartig, alle etwas Besonderes und alle dasselbe.

Übung

Wir stecken oft zu tief in den Ereignissen unseres Lebens, um den Überblick behalten zu können. Und oft langen wir, wenn wir nach Objektivität streben, bei Härte und Strenge an. Hier ist eine Kombination aus Perspektive und Mitgefühl gefordert. Wir müssen lernen, die sich entfaltenden Ereignisse sehr genau zu beobachten, ohne auf die rationalisierenden Erläuterungen der beteiligten Protagonisten zu hören. Es gibt ein wundervolles Kreativitätsspiel, das uns dabei hilft. Es heißt: »Schau dir den Film ohne Ton an.«

Suchen Sie sich eine Situation heraus, die Sie aufgrund Ihrer Anhaftung nicht klar durchschauen können. Beschreiben Sie sie in der dritten Person, und halten Sie sich an die Fakten, sodass Sie die Filmhandlung im Grunde ohne Dialog beschreiben.

Das geht so: Aus der Situation von »Ich bin eine einsame, frustrierte allein erziehende Mutter und übermüdet und überarbeitet« wird Folgendes: »Sie ist eine allein erziehende Mutter. Sie hat zwei Kinder. Sie arbeitet ganztags. Ihre Abende verbringt sie mit ihren Kindern. Ihre Tage verbringt sie mit ihrer Arbeit. Am späteren Abend hilft sie den Kindern bei den Hausaufgaben.«

Schon aus dieser groben Skizzierung geht hervor, dass etwas Unterstützung und schlicht ein bisschen Spaß angesagt sind. Es ist kein Rätsel mehr, woher dieses Gefühl von Überfordertsein kommt. Im Licht der Tatsachen betrachtet, ist Ihnen das natürlich alles zu viel. Und im Licht dieser Tatsachen wird auch offenkundig, was unternommen werden muss, was aber nicht notwendigerweise bedeutet, dass es leicht ist.

Trauern

Letzte Nacht wachte ich irgendwann nach Mitternacht auf. Es wehte ein starker Wind, da war der Klang von etwas Metallischem, das rhythmisch gegen etwas schlug, und da war der starke Geruch von Salz und Frische in der Luft. Einen Moment lang, bevor ich völlig erwachte, befand ich mich in der Vorderkabine des Segelbootes meines Vaters. Das rhythmische Klatschen rührte von den festgezurrten Leinen her, die gegen den Mast schlugen. Ich dachte daran, dass mein Vater nur um weniges von mir entfernt in der Achternkabine schlief. Dann heulte der Wind wieder auf, diesmal noch stürmischer, und ich erwachte in meinem winzigen blauen Schlafzimmer, Meilen und Jahre von meinem verstorbenen Vater entfernt. Mein Dad fehlt mir.

Lieben ist menschlich, Zuneigung fühlen ist menschlich, Trauern ist menschlich. Wir alle trauern auf unsere jeweils eigene Weise und in unserem eigenen Tempo. Es gibt keine richtige Art, zu trauern. Manche von uns trauern, indem sie Sturzbäche von Tränen vergießen, andere, indem sie sich in Bergen von Arbeit vergraben, und wiederum andere, indem sie in lähmender Untätigkeit verharren. Manche schlagen wie wild um sich, als trieben sie in einem tosenden Fluss. Manche durchqueren die Trauer wie eine weglose Wüste. Sie kann ozeanisch sein, die verlassene Überlebende wie eine riesige Woge ergreifen, hochheben und dann weiterrollen. Sie kann fein und zart sein wie die Luft im Spätherbst, in der sich Spuren von Rauch und Asche finden. Trauer ist vielerlei, aber vor allem ist sie etwas Persönliches. Und ganz gleich, wie wir trauern, es ist nie falsch, wie wir es machen.

Manchmal wird in »spirituellen« Kreisen Kritik daran geäußert, wie jemand trauert. Da gibt es eine richtige Art, zu trauern, eine richtige Zeit, zu trauern, ein »spirituell« angemessenes Trauer-

verhalten. Alles Unsinn, auch wenn das allgemein verbreitetet ist und von vielen geglaubt wird.
»Warum habe ich keinen stärkeren Glauben?«, so lautet unsere Forderung an uns selbst, als ob das Trauern dem Glauben entgegenstünde.
»Warum kann ich das nicht als Anfang ansehen?«, drängen wir uns selbst, als ob ein Ende nicht schon ein Anfang wäre.
»Vielleicht sollte ich länger trauern«, sagen wir sogar, wenn sich neues Leben in den Vordergrund schiebt. Trauern ist etwas zutiefst Intimes, auch wenn wir es oft in der Öffentlichkeit tun. Wie die Tiefe des Glaubens lässt sich auch die Tiefe der Trauer einer Person von keinem außenstehenden Beobachter ermessen. Die Forderung, dass wir unsere Gefühle und Emotionen schön säuberlich und ordentlich aufgereiht im Stechschritt marschieren lassen, ist spiritueller Faschismus. Das Herz ist ungebärdig. Und die Seele ist noch ungebärdiger und nur Gott verantwortlich. Eine unordentliche Art, zu trauern, kann auf jene bedrohlich wirken, die sich im turbulenten Strom des Lebens an den Fels spiritueller Gewissheiten klammern.
Trauern ist Gezeiten unterworfen. Es kommt wie die Flut über uns und ebbt wieder ab. Trauern ist etwas Mysteriöses, Sinnenhaftes und Eigenartiges. Das Klappern einer Fliegengittertür lässt das Klappern der Takelage eines Segelboots wieder aufklingen. Die Zeit fällt ab. Die Woge des Trauerns brandet auf und zieht sich dann wieder zurück. In ihrem Kielwasser bleibt die nachtfaltergeflügelte Muschel der Erfahrung liegen. Wir sollen trauern. Zeit und Dauer des Trauerns sind Gottes Angelegenheit, nicht die unsere. Wie nach einem gewaltigen Gewitter sind wir nach einem tiefen Trauern erschüttert, aber rein gewaschen.

Übung

Trauern kann vernichtend sein, nicht nur, weil wir verlieren, was wir lieben, sondern weil wir unter Umständen auch noch unseres Glaubens verlustig gehen. Wir verlieren nicht nur eine Freundin oder einen Freund, sondern auch unser Gefühl der Freundschaft mit Gott. Wir sind zornig über Gottes Handeln oder den von ihm gewählten Zeitpunkt. Wir sind wegen der Dinge, die wir nicht getan oder gesagt haben, wütend auf uns selbst und werfen Gott vor, uns die Chance genommen zu haben, sie noch zu tun oder zu sagen.

Der Geist, die Seele, sie überleben den Tod des Physischen. Unsere Beziehungen bleiben bestehen. Wir haben die nötige Zeit, um zu übermitteln, was in unserem Herzen ist. Wir teilen uns über unser Handeln mit. Wenn wir einen geliebten Menschen verlieren, können wir:

1. an diese Person einen Brief schreiben,
2. einen Brief an Gott schreiben, unserem Zorn Luft machen und um Heilung bitten,
3. einen persönlichen Altar aufbauen, der uns daran erinnert, dass wir für unsere verlorene Freundin, unseren verlorenen Kameraden beten,
4. »weitermachen«, wie sie es sich gewünscht hätten, und denen mit Freundlichkeit und Güte begegnen, die sie geliebt haben,
5. ein Gedicht, ein Gebet, ein Lied, eine Geschichte schreiben, ein Bild malen, ein Stipendium zu ihrem Gedenken stiften,
6. in Dankbarkeit alle Dinge aufzählen, die sie uns gegeben haben,
7. eine Gedenkliste all der Male anfertigen, die wir miteinander verbracht haben,

8. unsere Hingabe an eine Leidenschaft, die wir miteinander teilten, neu beleben,
9. in ihrem Namen einen Baum pflanzen,
10. nach wie vor mit ihnen sprechen und nach wie vor auf ihre Antwort lauschen.

Wertschätzen

Das Wertschätzen ist eine spirituelle Kunst. Und da es sich oft auf das leibliche Wohl bezieht, erkennen wir selten seinen himmlischen Ursprung an. Das kleine Töpfchen hausgemachte Marmelade hat etwas an sich, das uns sagt, nicht nur unsere Freunde lieben uns, sondern vielleicht auch Gott.

Etwas wertschätzen bedeutet, dass Sie sich die Zeit genommen haben, stehen zu bleiben, zu schauen, Ihren Freunden zuzuhören; dass Sie daran gedacht haben, ein Geschenk zum Einstand in die neue Wohnung zu kaufen; dass eine kranke Freundin eine Topfpflanze mitgebracht bekam; dass eine Freundin, der eine heikle Operation bevorsteht, eine CD mit besänftigender Musik erhielt. Das Wertschätzen ist ein Akt vorsätzlicher Rebellion gegen das wahnwitzige Tempo unserer Zeit. Eine Freundin, einen Freund wertzuschätzen heißt, die Würde dieses Menschen anzuerkennen und in schwierigen Zeiten zu bezeugen.

Elberta ist die Matriarchin eines Klans, zu dessen Besitztümern auch ausgedehnte Ländereien und eine ausgezeichnete Pferdefarm gehören. Sie ist Witwe, Großmutter und zudem die Tochter eines Metaphysikers aus Denver, der sie, schon lange bevor es das New Age überhaupt gab, in dessen Prinzipien unterwiesen hatte. Und Elberta ist die Wertschätzung in Person. Von Apfelbäumen, gepflegten Pferdeställen und Koppeln umgeben, managt sie ihr beträchtliches Imperium von ihrem Küchentisch aus, wo immer eine Platte mit Käse und Crackers und Mineralwasser oder Kaffee für den Strom ihrer eben mal hereinschauenden Besucher bereitstehen. Gleich, ob sie es nun mit der Frau eines Wanderarbeiters, dem Präsidenten eines Wirtschaftsunternehmens, dem Rechtsanwalt ihrer weit verzweigten Holdings oder mit einer ihrer Enkelinnen zu tun hat, sie wendet ihnen allen immer rasch mit Mitgefühl und Liebenswürdigkeit ihre Aufmerksamkeit zu. Ihre Spiritualität gründet in ihrer akkuraten Achtsamkeit. Sie urteilt, aber verurteilt nicht.

»Er ist drauf aus, dich auszunutzen«, warnt sie vielleicht eine junge Frau vor ihrem neuen Verehrer, aber sie tut es ohne Groll, stellt nur eine Tatsache fest. Es ist nicht so, dass es in Elbertas Welt nichts Böses oder keine Probleme gäbe: der geliebte Ehemann, dem Wüten eines Krebsleidens ausgeliefert, ein viel versprechendes Fohlen, das sich bei einem Sturz das Bein zerschmettert, der Alkoholismus, der eine schon lange bestehende Arbeitsbeziehung unterminiert, die Scheidung, die das Leben einer Lieblingsfreundin beeinträchtigt. Für Elberta sind diese Realitäten Herausforderungen, denen man mit aufgeschlossenem Herzen zu begegnen hat. Wenn der Schmerz in ihre Welt eindringt, verdrängt sie ihn weder, noch heißt sie ihn willkommen – der Schmerz darf, wie die Freude, durch ihr Herz kreisen. Kreisen ist hier das Schlüsselwort. Sie, die reich und erfolgreich ist, sieht keinen Widerspruch zwischen dem spirituellen und materiellen Leben. Vielmehr managt sie ihre materielle Welt nach spirituellen Prinzipien. Faire Preise und Fairplay sind die Grundpfeiler ihrer Geschäftspraxis.

Elberta lauscht immer mit einem Ohr auf die spirituelle Realität und bezieht daraus ihre Hinweise. »Ruf Gladys an« – eine Freundin, die auf einer Farm in Wisconsin lebt. »Du hast schon eine ganze Weile nichts mehr von ihr gehört.« – »Sprich mit Ralph über die Heuladung aus Colorado.« – »Geh früh in die Küche und setz das Hühnchen für den Chilieintopf auf.« – »Denk daran, nach dem Rhabarber im Garten zu sehen, er könnte schon so weit sein, dass man einen Kuchen backen kann.« Elberta agiert völlig mühelos auf ihrer intuitiven Wellenlänge und bekommt von da ihre Hinweise, für wen sie beten soll, wer eine kurze Nachricht braucht und welche geschäftlichen Probleme ihrer konzentrierten Aufmerksamkeit bedürfen.

»Schau dir diese Katze an«, sagt sie zu sich selbst, während sie bei einer Tasse Tee sitzt und der Tag zur Neige geht. Eine schwarze Katze auf einer Adobemauer, ein auf einem heruntergefallenen Apfel balancierender Schmetterling, die letzten Strahlen schwindenden Lichts, die den Wetterhahn auf dem Scheunendach vergolden. Alles wird zur Kenntnis genommen. Alles wird in die Waagschale ihres Herzens gelegt, wo das Genießen und die Wertschätzung der Reichtümer des Lebens die Bezahlung seiner Kosten aufwiegen.

Übung

Das Wertschätzen ist ein Akt konkreten, liebevollen und spezifischen Handelns. Es nimmt die Liebe aus der Arena der Emotionen und setzt sie direkt in Handeln um, ihr richtiges Zuhause. Zu oft empfinden wir in unserem Herzen Wertschätzung für die von uns geliebten Personen, versäumen es aber, dieser Zärtlichkeit Ausdruck zu verleihen. Suchen Sie sich aus der folgenden Aufzählung von Aktivitäten eine aus, und führen Sie sie durch, oder denken Sie sich etwas Eigenes, gleichermaßen Liebevolles und Festliches aus.

1. Schicken Sie fünf befreundeten Personen Postkarten.
2. Schicken Sie fünf befreundeten Personen hübsche Briefmarken.
3. Backen Sie für Ihre Freunde Plätzchen.
4. Kaufen Sie einer Freundin ein Büschel guten Salbei.
5. Machen Sie für jemanden Schokoladenpudding.
6. Kaufen Sie einem Freund ein Glas guten Honig.
7. Fertigen Sie für eine Freundin eine spezielle Keramiktasse an.
8. Schicken Sie einer Freundin ihre Lieblingsräucherstäbchen.
9. Schenken Sie einer Verwandten ein herrliches Badesalz.
10. Kaufen Sie eine Orchidee für eine Person, die Sie lieben.

Spiritualitätsverkäufer

Vielleicht liegt's ja an mir. Vielleicht bin ich einfach humorlos. Es ist nur so, dass ich, wenn ich so manche Spiritualitätsredner reden höre – vor allem Wohlstandsapostel –, immer an gewisse Gebrauchtwagenhändler denken muss.

Sie wissen schon, welche Art Redner ich meine. Diese Leute, die, um die Menge aufzuheizen, wie eine dieser Grandes Dames des Showbusiness auf die Bühne zurückkommen, um – o große Überraschung! – noch eine Zugabe zum Besten zu geben, die sie in Wirklichkeit immer bringen: »Eigentlich mache ich das nicht mehr, aber nun gut, hier ist ›New York, New York‹ ...« Und die Menge tobt.

Wahrscheinlich bin ich nur eine Spielverderberin, aber ich hasse es, im Namen der Spiritualität aufgeheizt und emotional manipuliert zu werden. Ich werde einfach ein bisschen nervös, wenn ich jemanden sagen höre: »Gott liebt uns, und wir werden reich, reich, reich!« Vor allem dann, wenn er anschließend den Klingelbeutel herumreichen lässt und sagt: »Tut so, als wärt ihr reich!« Wie die anderen kriege ich Schuldgefühle und denke, wenn ich nicht reich genug bin, bin ich vielleicht auch nicht spirituell genug. Ich denke dann vielleicht »kleinmütig« – das spirituelle Äquivalent zu einem kleinen Penis.

Es mag daran liegen, dass ich mich eine Zeit lang im Umfeld des Filmgeschäfts bewegt habe, aber ich bin der »Mehr-ist-besser-Großschwanz«-Spiritualität gegenüber misstrauisch. Superrekorde an der Kasse als spirituelle Hochwassermarken bereiten mir ein flaues Gefühl im Magen. Von da ist es nur ein kleiner Schritt zu der fatalen Auffassung »Ich bin reich, also liebt mich Gott mehr als andere«. Einmal ließ mich eine mit einem sehr reichen Mann verheiratete Frau wissen: »Was das Geld angeht, hatte ich immer ein phantastisches Karma.« Sie hörte sich an, als spräche sie darüber, dass sie einen phantastischen Busen habe. Den hatte sie ebenfalls. Die Hexe.

Übung

Manche von uns stehen Gott ein bisschen so wie dem Finanzamt gegenüber. Ständig haben wir Angst, früher oder später einen Anruf zu bekommen. Gott möchte über uns und das Geld genau Bescheid wissen. Vielleicht stellt er uns sogar ein paar Fragen wie diese:

1. Haben Sie sich je im Namen der Spiritualität manipuliert gefühlt?
2. Sind Sie je Leuten begegnet, die materiellen Reichtum mit spirituellem Wohlergehen gleichsetzen?
3. Setzen Sie materiellen Erfolg mit spiritueller Leistung gleich?
4. Glauben Sie, Gott möchte, dass Sie arm sind?
5. Glauben Sie, Gott möchte, dass Sie reich sind?

Oft haben wir Angst, unser Leben in Gottes Hände zu geben, weil wir befürchten, dass uns dann alles und alle genommen werden. In den spirituellen Traditionen des Ostens spricht man von den Gefahren der »Anhaftung«, und aus Angst, aufgefordert zu werden, allem zu entsagen, klammern wir uns an Menschen und Dinge, als wären sie das, was uns Sicherheit bietet. Menschen versagen, Dinge kommen abhanden und zerbrechen, die einzig feste Burg ist Gott. Aber wir haben Angst, dort wie Daniel in der Löwengrube in der Falle zu sitzen, allein mit Gott.
Es gibt eine interessante und konstruktive Übung, die uns helfen kann, unserer »Liebe« zu den Dingen eine neue spirituelle Perspektive zu geben. Oft lieben wir ein Ding nicht um seiner selbst

willen, sondern wegen der spirituellen Eigenschaft, die es für uns verkörpert. Das schnelle Auto mag zum Beispiel für uns unsere Freiheitsliebe symbolisieren. Die erlesene Vase unsere Schönheitsliebe. Greifen Sie zum Stift, und legen Sie drei vertikale Spalten an. Führen Sie in der ersten Spalte die Dinge auf, an denen Sie stark hängen. Notieren Sie in der zweiten Spalte die spirituellen Eigenschaften oder Einstellungen, die sie für Sie symbolisieren. Vermerken Sie in der dritten Spalte eine Handlung oder eine Einstellung, die Sie unternehmen oder einnehmen können, um diese Qualität unmittelbarer zum Ausdruck zu bringen. Die Dinge sind oft nur ein Ersatz für Gott. Dieselbe Vorgehensweise kann Ihnen auch helfen, sich von einer obsessiven Liebe zu einer Person zu befreien. Sehr oft steht der Mensch, dem unsere besessene Liebe gilt, für Eigenschaften, die wir selbst gerne hätten – und auch entwickeln können.

Gott, wie wir Gott verstehen

»Wir alle bekommen den Gott, den wir verstehen«, sagt die Schauspielerin Julianna McCarthy, die sich schon drei Jahrzehnte auf einem steilen spirituellen Weg befindet. Das kann ich verstehen. Meine Schwester ist Porträtmalerin, sehr geschickt und akribisch. Daraus würde folgen, dass auch ihr Gott diese Eigenschaften hat. Das heißt, dass er, so wie sie ihn versteht, ein Gott der kleinen Pinselstriche ist – einer baut sich auf dem anderen auf und führt mysteriös und unaufhaltsam voran.

Mein Freund Mark vertraut auf etwas, das er seinen »Rollstuhlgott« nennt. Von einem Selbstmitleidanfall geplagt, trifft er plötzlich auf einen, dessen purer menschlicher Mut angesichts eines schrecklichen Schicksals ihn an die Unbesiegbarkeit des göttlichen Funkens glauben lässt, den wir alle in uns tragen. Das ist Gott, wie er ihn versteht, ein heroischer Feuerwehrgott, der sich in ein brennendes Gebäude wagt, um uns alle zu retten. Mark glaubt an das Wunder eines verwandelten Lebens. Er glaubt, dass wir dies füreinander und miteinander bewirken können.

Meine Freundin Francine ist seit einigen Jahrzehnten Buddhistin. Ihr Gott eilt nicht in brennende Gebäude – er bemerkt sie nicht einmal. Tatsächlich wäre ihr Gott für die meisten Menschen überhaupt nicht als Gott erkennbar. Ihr Gott ist so ungeheuer groß und weit, so unerkennbar, so weit reichend, dass er sich für viele wie Leere anfühlen würde, und doch ist er für Francine der Gott, der für sie funktioniert.

Im völligen Gegensatz dazu sagt Todd: »Ich glaube und habe schon immer an einen persönlichen Gott geglaubt.« Das Weite, Vage und das buddhistische Gefühl von Göttlichkeit ist nichts für Todd. Sein Gott ist ein praktischer und aktiver Gott, so zugänglich, wie sich Todd verfügbar macht – und das tut er durch seine tägliche Meditation. »Nichts Aufregendes. Ich zeige mich nur und stelle einen Kontakt her.«

»Es ist eine Partnerschaft«, berichtet mir eine fünfundachtzigjährige Nonne. »Wenn du nur darum betest, Gottes Willen zu kennen und sonst nichts weiter, lässt du Gott zu leicht davonkommen. Ich erwarte mehr von Gott und bekomme mehr von Gott. Wir sind miteinander *verbandelt.* Wenn ich ein Problem habe, bete ich. Ich bringe es vor Gott und erwarte Hilfe, und ich bekomme sie. Gottes Willen zu kennen, ist nur ein Ausgangsort, um eine wirkliche Beziehung mit Gott aufzubauen und zu haben.«

Zu mir kommt der Glaube wie die Explosion einer Glühbirne oder ein plötzlicher Blitzeinschlag. Ich sehe nur für einen Augenblick die spirituelle Landschaft, und meine Beziehung zu ihr ergibt Sinn. Ohne diese Blitze stolpere ich in der Dunkelheit herum und frage mich: »Ist das der Ort, wo ich sein soll?«

Ein funktionierender Glaube ist ein Glaube, der *für Sie* funktioniert. Francine, die Buddhistin, würde den Gott der Nonne als einen Einmischer ansehen. Die Nonne würde Francines buddhistischen »Gott über Gott hinaus« für einen unsagbar fernen Partner halten. Ich selbst komme mit meinen Blitzen zurecht und bin dankbar dafür, dass durch sie, wie kurz auch immer, weite Gebiete erhellt werden. Danach heißt es, lange in der Dunkelheit des Glaubens zu marschieren.

Übung

Viele von uns sind mit der Vorstellung von einem missbilligenden Gott aufgewachsen. Wir glaubten an die Erbsünde, die uns schon mit Makeln behaftet und unwürdig zur Welt kommen ließ. Wenn wir Gottes bedingungslose Liebe fühlen wollen, müssen wir uns in Selbstliebe üben. Statt unsere Fehler aufzuzählen,

sollten wir unsere Tugenden aufzählen und feiern. Greifen Sie zum Stift, und zählen Sie fünfundzwanzig Dinge auf, die Sie an sich mögen.
Beantworten Sie dann folgende Fragen:

1. Glauben Sie an Gott, »wie er Ihnen von ... geschildert wurde«?
2. Glauben Sie an einen persönlichen Gott?
3. Der Schriftsteller Michael Graham bezeichnet seinen Gott als »einen Künstler, Liebhaber und Komödianten«. Wie würden Sie den Ihren bezeichnen?
4. Glaubt Ihr Gott an Sie?
5. Glauben Sie wirklich an den Gott, an den Sie Ihrer Aussage nach glauben?

Komödie versus Tragödie

Ich glaube nicht, dass ich zum Club derer gehöre, die die Ansicht vertreten, diese ganze Welt sei nur eine von unserem Geist erzeugte Illusion. Andererseits erinnert mich das Leben an Kino, und ich glaube tatsächlich, dass wir die Wahl haben, was für eine Art Film wir uns ansehen wollen.

Viele Leute scheinen sich für das Melodrama zu entscheiden. Sie merken es sofort, wenn Sie eine dem Melodrama zuneigende Person am Telefon haben, denn wenn Sie sie fragen, wie es ihr geht, erzählt sie Ihnen, wie es ihrer Tante geht und ihrem Vergaser und wie es nächstes Jahr um ihre Gesundheit bestellt sein wird, wenn sie nicht aufpasst. Diese Menschen sagen nie: »Mir geht's gut, und wie geht's Ihnen?« Sie sagen: »Den Umständen entsprechend ganz gut«, und dann berichten sie Ihnen, und zwar immer, von den Umständen. In allen Einzelheiten, wenn Sie sie lassen. Die Leute, die sich aus dem ganzen Programmangebot das Melodrama ausgesucht haben, bewegen sich, aus eigener Sicht, stets am Rand der Tragödie entlang. Schaut man jedoch genauer hin, ist es eher eine Farce. Erst dies! Dann das! Und jetzt das!

Manchmal denke ich, dass sich diese Melodramatiker ganz schön vergnügen, aber das wollen sie Sie nicht wissen lassen. Sind sie in Las Vegas und schauen sich die Showgirls einer Tanzrevue an, rufen sie Sie an und jammern über die Hitze. Schleichen Sie sich um Mitternacht hinaus, um sich die Darbietungen eines Komikers anzusehen, teilen sie Ihnen mit, dass sie es nur wegen ihrer schrecklichen Schlaflosigkeit tun, die sie zwingt, sich ein wenig abzulenken. Melodramatiker haben eine große Ähnlichkeit mit Stummfilmstars, sie wissen wirklich, wie man's macht. Sie setzen die passende Filmmusik ein, man kann sie praktisch, während sie reden, im Hintergrund plätschern hören. Ihr Leben nimmt sich aus wie der Film »Pauline in Lebensgefahr«, aber sie wollen nicht wirklich, dass Sie lossausen und sie erretten. Sie wollen nur, dass Ihnen der Gedanke kommt, es vielleicht tun zu sollen.

Der Tragödie zuneigende Leute sind wie jene Partner, die immer nur in Dokumentar- und Kunstfilme über die Schrecken des Daseins gehen wollen. Sie halten unbedingt an der Tatsache fest, dass Menschen irgendwo einen schrecklichen Tod sterben, woran Sie beim Abendessen denken sollten. Sie versuchen ständig, Sie runterzuziehen und an die düsteren Fakten Ihrer Realität zu erinnern mit Sprüchen wie: »Du regst dich über deinen Job auf? Wenigstens hast du einen.« Oder: »Du hast so ein komisches Augenzucken? Na, du kannst sicher sein, dass die Krankenkasse nichts zahlt, weil ...«

Tragödienleute sind so was wie die vom CNN und können Sie wirklich über alles aufklären, was sich an Finsterem und Schmutzigem hinter den Kulissen abspielt. Was immer an fröhlichen und erheiternden Fakten Ihnen einfällt, sie werden sie umstoßen. Tragödienleute glauben nicht an Happy Ends, auch nicht, wenn man schon in der Auffahrt parkt.

Dann gibt es da die Leute, die sich für die Horrorfilme entscheiden. Sie leben so ziemlich am Rand der Katastrophe. Wenn Tragödienleute Sie gerne über das Ozonloch aufklären, sobald Sie erwähnen, dass Sie eine Wüstentour unternehmen, erzählen Ihnen die Horrorfilmleute gerne was von Entführungen durch Ufos und Serienmörder entlang der Route 66. Wenn Sie sich lange genug mit Ihnen unterhalten, fangen Sie an, aus den Augenwinkeln das Monster vor dem Fenster wahrzunehmen, und jemand scheint das Sirenengeheul noch lauter aufgedreht zu haben.

Gewiss kennen Sie jemanden von der Abteilung »leichte romantische Komödie«. Wenn Sie da eine anrufen und bitten, Ihnen am Samstag zu helfen, ein paar Dinge in der Garage zu verstauen, erzählt sie Ihnen was von ihrer Verabredung mit Joe. Wenn Sie ihr sagen, dass Sie gerade einen großartigen Job bekommen haben, erwidert sie: »Ja, aber hast du jemanden?« Diese Sorte glaubt daran, dass man schnuckelige Männer im Supermarkt trifft, aber erwischt man sie mal an einem schlechten Abend, kann es sein, dass sie sich zu den Melodramatikern geschmuggelt haben und sich was zum Heulen ansehen. Sie glauben, die Liebe sei die Antwort auf alles, meinen aber in Wirklichkeit die Romanze.

Mir ist an Gott aufgefallen, dass er uns unseren Film selbst aussuchen lässt. Und wir dürfen die Genres wechseln, wann immer wir wollen.

Übung

Diese Bestandsaufnahme fordert Sie auf, Ihren guten Humor aufzubringen. Die Komödie *ist* das beste Gegenmittel gegen die Tragödie.

1. Was unternehmen Sie, wenn Sie deprimiert sind?
2. Was hilft Ihnen, wieder den Überblick zu gewinnen, wenn Sie deprimiert sind?
3. Ist irgendjemand aus Ihrem Freundeskreis tragödiensüchtig?
4. Sind Sie nach den Tragödien irgendwelcher Ihrer tragödiensüchtigen Freundinnen oder Freunde süchtig?
5. Was würden Sie versuchsweise riskieren, wenn Sie die Dinge nicht so ernst nähmen?

Akzeptanz

Lassen Sie mich mit dem Problem anfangen, das ich mit Mary Murphy hatte. Sie war diese muntere, vollbusige Blonde mit großen blauen Augen und einer spritzigen Schreibe. Ich war, als wir uns begegneten, diese dürre Rothaarige, die feindseliges Schwarz trug und für den *Rolling Stone* schrieb. Mary trug Pink und schrieb für den *Esquire.* Sie schien eine kleine Armee hilfreicher Männer zu haben, die sie umschwirrte für den Fall, dass sie eine Schreibblockade bekam und irgendwo hingehen und sich ein Mineralwasser genehmigen wollte. Ich hatte die Männer so ziemlich davon überzeugt, dass ich auch ohne sie ganz gut zurechtkam und dass »Schreibblockade« über der Tür meines Bunkers geschrieben stand, in dem ich ein Maschinengewehr auf alle gerichtet hielt, die dort einzutreten wagten. Muss ich noch erwähnen, wie eifersüchtig ich auf Mary Murphy war?

»Akzeptier's einfach«, sagte man mir – der schlimmste nicht rezeptpflichtige spirituelle Rat, den man jemandem erteilen kann. Ich musste Mary nicht akzeptieren. Ich musste zusehen, was ich, wenn überhaupt, ändern konnte. In mir, nicht an ihr. Mit anderen Worten, Mary lieferte mir einen Hinweis darauf, dass ich mein Haar vielleicht wieder blond werden lassen, meine »Film-noir-Garderobe« ausmustern und zugeben sollte, dass ich mir in Wirklichkeit eine kleine romantische Komödie wünschte – in jenen Zeiten Mangelware für Leute, die für den *Rolling Stone* schrieben.

Akzeptanz wird oft als der spirituell richtige Schritt propagiert, und ich denke, dass schrecklich viele von uns Jahre mit dem Versuch vergeuden, Dinge zu akzeptieren, die wir an sich verändern sollten. Ein feindseliger Boss ist zuweilen nicht unsere Chance, an unserer Geduld und Überempfindlichkeit zu arbeiten. Manchmal ist er auch unsere Chance, uns nach einem neuen

Job umzusehen. Unsere Depression wegen unseres Mangels an bedeutungsvollen Freundschaften ist manchmal kein Hinweis darauf, dass wir unsere spirituelle Beziehung zu Gott vertiefen sollten. Vielmehr ist sie ein Wink, dass wir rausgehen und Leute treffen sollen. Kann ich etwas nicht relativ mühelos akzeptieren, dann häufig deshalb, weil ich es gar nicht akzeptieren *soll*.

Woher kommt unsere Vorstellung, dass das Akzeptieren etwas so Spirituelles ist? Wie kamen wir auf den Gedanken, dass die Spiritualität etwas so Innerliches ist, dass der spirituelle Verdienst von nach außen gerichteten Aktionen irgendwie zweifelhafter Natur ist? Früher sagte man uns, ein Glaube ohne Werke sei ein toter Glaube und man solle auf den Glauben gestützt hinausgehen. Jetzt scheint man uns zu sagen, dass wir »darüber meditieren« oder an »unserer Fähigkeit zu akzeptieren« arbeiten sollen.

Wie kamen wir auf die Idee, die Akzeptanz wäre so etwas wie Penicillin, das wir gegen jeden emotionalen Virus, der uns befallen hat, einnehmen sollen? Wenn etwas für mich sehr lange inakzeptabel bleibt, dann meiner Erfahrung nach deshalb, weil es für mich inakzeptabel *ist*. Wie kamen wir auf den Gedanken, dass es spirituell nicht korrekt ist, wenn wir etwas inakzeptabel finden? Was brachte uns auf die Idee, dass wir die Spiritualität dazu benutzen sollten, das Negative auszublenden, statt die Dinge zu ändern?

Das Akzeptieren des Inakzeptablen führt zu Groll. Groll führt zu Wut. Nach innen gerichtete Wut führt zu Depression, und Depression ist eine großartige Rechtfertigung für Märtyrertum. »Ich arbeite an meiner Fähigkeit zur Akzeptanz«, sagen wir mit einem tiefen Seufzer, als verdienten wir eine spirituelle Eins, wo wir im Grunde einen Klaps auf den Hintern verdienten und die dringliche Anweisung, wieder raus aufs Spielfeld zu gehen.

Wenn wir darum bitten, akzeptieren zu können, und unser

Gebet nicht erhört wird, dann nicht, weil Gott schwerhörig ist. Es geschieht deshalb, weil die Antwort ein Nein ist. Wir werden nicht aufgefordert, »uns eben mehr darum zu bemühen«, sondern vielmehr dazu, »uns in Bewegung zu setzen«.

Ja, es gibt Fälle, in denen wir uns nicht »in Bewegung setzen« können, aber die sind im Grunde selten. Es gibt fast immer etwas, das wir unternehmen könnten und aufgrund unserer Pseudoakzeptanz nicht in Angriff nehmen. Unsere Rastlosigkeit, Reizbarkeit und Depression sagen uns vielleicht, dass wir aufhören sollen, das Inakzeptable zu akzeptieren, und schauen, was es da draußen sonst noch gibt. Manchmal ist schon das Vergleichen von Preisen in verschiedenen Geschäften eine gute spirituelle Idee.

Übung

Zuweilen habe ich das Gefühl, schon das Thema Akzeptanz ist für mich inakzeptabel. (Ich nehme an, dass ich dies an mir akzeptieren muss.) Ich glaube nicht, irgendjemand fände das Akzeptieren leicht.

Die folgenden Fragen und Werkzeuge könnten eine Hilfe sein.

1. Greifen Sie zum Stift, und zählen Sie fünf Situationen auf, die zu akzeptieren Ihnen schwer fällt.
2. Zählen Sie fünf Reaktionen auf diese Situationen auf, die an sich selbst zu akzeptieren Ihnen schwer fällt.
3. Nennen Sie eine Eigenschaft, die Sie an sich selbst nicht sonderlich mögen, aber akzeptieren könnten.
4. Dichten Sie einen humorvollen kleinen Vers über diese Eigenschaft. Zum Beispiel:
   »Meine Zunge, die ist spitz und scharf.
   Wie gut, dass ich sie selber wetzen darf.«

5. Suchen Sie sich eine Eigenschaft aus, die Sie an einer Person, die Sie lieben, völlig inakzeptabel finden. Dichten Sie einen kleinen humorvollen, aber nicht verletzenden Vers darüber. Zum Beispiel:
»Was ich gemeinsam hab mit Jim:
Uns liegt beiden immer nur an ihm.«

Drogendealer-Gott

Vielleicht liegt es daran, dass ich eine trockene Alkoholikerin bin. (Okay, streichen Sie das »Vielleicht«.) Für mich ist das Glas oft halb leer, nicht halb voll. Was ich unter anderem im Leben fürchte, ist, dass mir das, was ich gerne mag, ausgeht und der Spirituosenladen zu ist und ich mit Hängen und Würgen durchhalten muss, bis der verdammte Laden wieder aufmacht.

Sie können sich wahrscheinlich denken, wie ich mit einer solchen Lebensanschauung daran arbeiten musste, die Dinge wertschätzen zu lernen. Ich weiß, dass es Menschen gibt, die das »die Einstellung der Dankbarkeit praktizieren« nennen. Ich bezeichne es einfach als wirklich guten Gedanken für jemanden wie mich. Also ja, ich bin wirklich dankbar für das, was ich habe, und wenn das nicht funktioniert, spiele ich Showmelodien. Ich habe entdeckt, dass es billiger ist, mir »That's Entertainment« anzusehen, als meinen Seelenklempner aufzusuchen. Ich will ja immer nur zu einem Gefühl von neu belebtem Optimismus kommen, zum Gefühl, dass schließlich doch genug da ist oder dass der Geschenkeladen irgendwann wieder aufmacht. Wenn ich solche Anfälle bekomme, dann im Allgemeinen deshalb, weil ich wieder einmal eine Gott-als-Drogendealer-Phase durchmache.

Wenn ich an einen Drogendealer-Gott glaube, dann glaube ich, dass es ihm geglückt ist, mich von etwas oder jemandem abhängig zu machen, und dass er es oder ihn mir nun wegnehmen wird. Vielleicht sind Sie schon einmal in einer dunklen Gasse auf ein solches Denken gestoßen. Das geht so: »Wow, das hat letzte Nacht Spaß gemacht. Ich wette, er ruft mich nie wieder an.« Oder: »Was habe ich gerne mit diesen Leuten gearbeitet, aber sie werden mich wahrscheinlich nie wieder anstellen.« Oder: »Ich werde nie wieder so ein hübsches Hemd aus chinesi-

scher Seide finden wie dieses hier, also kauf ich besser gleich hundert Stück ...« (bevor mir Gott meinen Vorrat wegnimmt).
Ich weiß nicht genau, woher ich diese Vorstellung von einem Gott, den man »auf Knien um etwas anbetteln und anflehen muss«, habe. Ich weiß aber, genau dieses Denken lässt manche Religionen verkünden, dass man, will man aus diesem Szenarium herauskommen, es aufgeben muss, je irgendetwas zu wollen. Ich bin mir nicht so sicher, ob der Versuch, meine Wünsche zu negieren oder mich aus ihnen herauszuwinden, jemals für mich funktioniert hat. Ich denke, dass Gott sich nicht zum Narren halten lässt. Wenn ich nur darum bitte, ich möge Gottes Willen für mich erkennen und die Kraft haben, ihn auszuführen, heimlich aber hoffe, dass ich wieder mit Fred ausgehen darf, weiß Gott das. Ich kann also ebenso gut über Fred reden und zugeben, dass ich von ihm besessen bin, und vielleicht um etwas Hilfe für mein Verlangen bitten, statt so zu tun, als sei ich nicht süchtig, damit »Gott der Drogendealer« nicht weiß, dass er mich in der Hand hat und den »Stoff verweigern« oder den »Preis in die Höhe treiben« kann.
»Okay, du kannst Fred haben, aber du wirst in dieser Stadt nie wieder zum Lunch gehen.«
Also stelle ich im Allgemeinen fest, dass es das Beste ist, zuzugeben, was mit mir los ist, und um Hilfe zu bitten, damit ich glauben kann, dass Gott kein Halsabschneider ist. Ich sage Dinge wie: »Hilf mir, dass ich nicht nur ans Schmusen mit Fred, sondern auch noch an andere wunderschöne Dinge denken kann.«
Ich sage: »Großartiger kleiner Fink, danke für dein Gezwitscher.«
Ich sage: »Um noch mal auf Fred zurückzukommen ...«
Wenn ich versuche, Gott nur darum zu bitten, mich wissen zu lassen, was er für mich möchte, werden alle meine Wünsche und Hoffnungen zu kleinen schmutzigen Geheimnissen. Dann habe ich eine Eltern-Kind-Beziehung mit Gott und benehme mich wie eines dieser schrecklichen Kinder, die lieb und brav *tun*, wenn

Mama hinschaut, aber hinter ihrem Rücken den reinsten Terror veranstalten. Ich fahre sehr viel besser damit, die Karten offen auf den Tisch zu legen. Und wenn ich das erst einmal getan habe, kann ich auch besser hinhören, wenn Gott irgendwelche anderen Pläne haben sollte.

Übung

Antworten Sie schriftlich. Betrachten Sie diese Übung als seelische Reinigung – als Katharsis –, und nehmen Sie sich vor, ins Kino oder Theater zu gehen, um eine »göttliche Komödie« zu sehen.

1. Denken Sie im Geheimen, dass Gott ein »Halsabschneider« ist?
2. Erwarten Sie, dass, wenn es gerade gut läuft, Gott Ihnen Ihre Freude nimmt?
3. Bekommen Sie Angst, wenn Sie gerade mal glücklich sind?
4. Assoziieren Sie Glauben nur mit harten, nicht auch mit guten Zeiten?
5. Handeln Sie insgeheim so, als habe Gott einen miesen Charakter?

Depression

Im New-Age-Dunstkreis ist es schick, Dinge zu sagen wie: »Schmerz ist eine Wahl.« Da bin ich mir nicht so sicher. Es ist ebenfalls en vogue, davon auszugehen, dass Schmerz – vor allem der Schmerz in Form von Depression – bedeutet, dass du irgendetwas falsch machst. Auch da bin ich mir nicht so sicher. Auf physischer Ebene sprechen wir von den »Wachstumsschmerzen«, und die gibt es auch auf spiritueller Ebene. Sie sind ein normaler, natürlicher und notwendiger Bestandteil der spirituellen Entwicklung. Meiner Meinung nach ist Depression nicht in jedem Fall eine Krankheit, die man sofort medikamentös oder mit Meditation oder was auch immer behandeln muss. Depression ist ein Signal und kann manchmal auch ein Zeichen dafür sein, dass du etwas *richtig* machst, zum Beispiel einen großen persönlichen Verlust auf tieferer Ebene integrierst. Oder dass du vielleicht einen bisher ignorierten intellektuellen Hunger zur Kenntnis nimmst, der dich zum Aufbruch zu neuen Horizonten drängt. Niemand von uns mag die Depression, und das wissen nicht nur die Pharmakonzerne. Die medikamentöse Behandlung einer chronischen, unablässigen Depression mag angezeigt sein, aber das Akzeptieren einer gelegentlichen, natürlichen Depression als Bestandteil menschlicher Bedingtheit ebenfalls.

Die Depression ist ein interessantes Geschöpf. Sie ist eine Formwandlerin. Kaum haben wir sie als Depression ausgemacht, bricht sie schon auseinander und nimmt die Form von Wut und Trauer an. Wir können lernen, sie wie ein Matador so zu provozieren, dass sie uns die Leiden enthüllt, die sie verursacht haben. Aber die Depression ist nichts Lineares. Es machen uns auch Dinge zu schaffen, die uns nicht zu schaffen machen »sollten«. Wir müssen detektivisch unseren Weg durch die privaten Wortwechsel und Ereignisse der letzten Zeit verfolgen, um den Schuldigen ausmachen zu können.

Adeles Exmann hatte wieder geheiratet. Sie verfiel daraufhin in Depression. »Ich war so wütend über meine Reaktion. Was tat ich da?, fragte ich mich. Ich wollte ihn nicht mehr, und sie wollte ihn. Was kümmerte es mich, wenn er mit einer anderen lebt? Mein Mann war eine kostspielige Diva. Er hat allen Umstehenden die Energie abgesaugt. Ich sollte *froh* sein, dass er wieder geheiratet hat.« Aber Adele war nicht froh, sie war deprimiert. Und ihre Kritik an ihrer Depression half ihr gar nichts. Stattdessen machte sie Strandspaziergänge und betrauerte ihre langjährige Ehe auf einer tieferen Ebene.

Einer der selten erwähnten Schlüssel für das spirituelle Leben ist das Akzeptieren. Nicht das Akzeptieren anderer, sondern das Akzeptieren von uns selbst. So oft richten wir unsere Gedanken darauf, was wir verändern, wie wir an uns arbeiten, wie wir unsere Charaktermängel beheben wollen. Darin liegt unausgesprochen die Vorstellung, dass Gott irgendwie einen Fehler gemacht hat und wir zutiefst mangelhafte Wesen sind. Doch was ist, wenn es gar kein Fehler ist? Was, wenn unsere Mängel nur Macken und Eigenarten und gar keine Verwerfungslinien sind? Was, wenn wir auch dann akzeptabel sind, wenn es uns schwer fällt, uns selber zu akzeptieren? Es ist die Natur der Wüste, ein feindseliger und abschreckender Ort zu sein. Doch die karge kahle Landschaft lässt auch die reine Schönheit erstehen. Zu gleichermaßen hart errungenen Gewinnen gelangen wir, wenn wir die Wüste des Herzens ertragen.

Es wäre zumindest möglich, dass harte Zeiten nicht als Strafe, sondern als strenge Segnungen über uns kommen. Der Dichter Theodore Roethke, selbst ein Depressiver, sagt: »In dunklen Zeiten beginnt das Auge zu sehen.« Spirituelle und schöpferische Durchbrüche sind oft die Frucht einer in der Wüste verbrachten Zeit, ein plötzliches lebhaftes Aufblühen, so wie die Wüste nach einem seltenen und unvermuteten Regenguss plötzlich zu pulsierendem Leben erwacht. Dürren kann man überleben. Zeiten in der Wüste können zum Positiven gewendet werden, wenn wir bereit sind, zuzuhören und auszuhalten.

Übung

Die Jahreszeiten des Herzens sind rätselhafter Natur, aber sie haben ihren Sinn. Gerade dann, wenn wir uns total leer, nutzlos und bar jeder Hoffnung fühlen, ist oft etwas tief in uns am Keimen. Alle spirituellen Traditionen lehren, dass eine Zeit in der Wüste eine neue Vision mit sich bringt und einer wesentlichen Änderung der Lebensrichtung vorausgehen kann. Sie kann der Winter vor einem plötzlich ausbrechendem schöpferischen Frühling überreichen Blühens sein. Ein Wissen, das eine solche Phase nicht viel, aber doch ein bisschen erträglicher zu machen vermag. Hier sind ein paar zarte Richtlinien für die Zeiten in der Wüste.

1. Setzen Sie Ihre spirituelle Praxis fort, ganz gleich, wie fruchtlos sie sich ausnehmen mag.
2. Beten Sie trotz Ihres Widerwillens dagegen. Sehen Sie es als ein Experiment mit der Aufgeschlossenheit an.
3. Gehen Sie spazieren. Gehen Sie raus ins Freie und raus aus sich selbst. Denken Sie an den Rat des heiligen Augustinus: »Durch das Gehen wird's gelöst.«
4. Lassen Sie Stille und Schweigen zu.
5. Reparieren Sie etwas Kaputtes.
6. Zünden Sie Kerzen an. Sie sind eine gute Gesellschaft.
7. Tun Sie etwas Körperliches.
8. Trinken Sie sehr viel mehr Wasser als sonst.
9. Achten Sie auf Ihre Träume.

10. Legen Sie ein Journal an, und ergänzen Sie darin folgende Sätze:
    Wenn es nicht so verrückt wäre, würde ich sagen ...
    Wenn es nicht so albern wäre, würde ich sagen ...
    Wenn es nicht so riskant wäre, würde ich versuchen ...
    Wenn ich es nicht perfekt machen müsste, würde ich mir erlauben ...
    Wenn es nicht schon zu spät wäre, würde ich ...
    Wenn ich genügend Geld hätte, würde ich ...
    Wenn ich mehr Zeit hätte, würde ich ...
    Wenn es nicht so plemplem wäre, würde ich ...
    Ich wollte, ich könnte ...
    Ich wünschte, dass ...
    Ich würde gerne versuchen, einmal ...
    Es könnte Spaß machen, zu ...
    Der Grund, warum ich mich in dieser Situation befinde, könnte sein, dass ...
    Ich denke, es würde mir Vergnügen machen, wenn ...

Es gehört zur spirituellen Tradition, dass man denen, die sich »in der Wüste« befinden, Süßigkeiten anbietet. Sie könnten:

1. einen Obstsalat machen,
2. einen Topf guten Honig kaufen,
3. einen Apfel zerschneiden und ihn mit Wasser, Butter und ein wenig Zimt kochen,
4. ein paar Bonbons kaufen,
5. ein Netz Orangen kaufen,
6. sich selbst verwöhnen mit ...

Gehen Sie vor allem mit sich selbst wie mit einem kostbaren Gegenstand um. Das macht Sie stark.

Reinigung

Schon als Kinder lernen wir, dass »Sauberkeit und Reinlichkeit gleich nach Gott kommen«. Es liegt natürlich nahe, dass viele das leicht als Aufforderung verstehen, »endlich mal abzuwaschen«, oder eine Anwandlung kolonialistischen Überheblichkeitswahns kriegen, mit der sie dann aus ihrer komfortabel sicheren Lage auf die unordentlichen heidnischen Strohdächer herabblicken und an einen christlichen Gott glauben.

Seltsamerweise öffnet das Reinigen von einem Raum oder von Gegenständen aber tatsächlich oft einen direkten Kanal zu geistiger Erfahrung. Das Schrubben des Bodens scheint auch das Fenster zur spirituellen Vision klar zu schrubben. Klöster weisen schon lange ihren Novizen und Novizinnen die Arbeiten zu, bei denen gefegt und geschrubbt werden muss. Vielleicht steckt dahinter eine höhere Weisheit als nur der Gedanke, dass die Rangniedrigsten sauber machen müssen.

Robert Browning sagt in seinem Gedicht »Pippa Passes« ganz richtig : »Gott ist in seinem Himmel/Alles ist in Ordnung mit der Welt.« Obwohl wir selten diese Verbindung herstellen, lässt Gott sich tatsächlich leichter finden, wenn mit unserer Welt alles »in Ordnung« ist: Sauberkeit bringt etwas Heiteres mit sich. Ordnung ist erdend. Chaos ist verwirrend und emotional qualvoll. Viele Künstler berichten, dass sie oft die richtige Richtung für ihre Arbeit erspüren, wenn sie ihren Schreibtisch aufräumen oder ihr Atelier in Ordnung bringen.

Kann sein, dass die schöpferischen Engel fortwährend zu uns sprechen, aber wenn wir irgendetwas aufräumen und säubern, hält uns das vielleicht lange genug innerlich so ruhig, dass wir zuhören können. Die spirituelle Lehrerin Sonia Choquette klärt ihre Schüler darüber auf, dass sie durch Unordnung von ihrer Intuition abgelenkt werden.

»Wie sollt ihr die feineren Schwingungen eurer Gedanken wahrnehmen, wenn ihr von einer Million wirrer Details abgelenkt werdet?«, fragt sie. Und auch wenn ihre Schüler sie für verrückt halten, schickt sie sie nach Hause, damit sie ihren Krempel aussortieren und wegwerfen. Und dann kommen sie unweigerlich mit einem spirituellen Durchbruch zu ihr zurück.

Unnötigen Ballast aussortieren und ablegen oder wegwerfen ist eine profunde spirituelle Praxis. Wir gehen Gegenstand für Gegenstand durch und sagen: »Das ist mir wichtig« und »Das ist mir nicht mehr wichtig«. Und dabei werden unsere Werte für uns sichtbar.

Demut öffnet die Tür zum Herzen, sie verbindet uns mit uns selbst, und sie verbindet uns mit Gott – Gott im Innern. Wenn wir uns still einer kleinen Aufgabe zuwenden, werden wir selbst zum guten Hirten und besänftigen und beruhigen unser rastloses Herz. Es ist nur scheinbar ein Paradoxon, dass wir uns, wenn wir uns etwas Kleinem zuwenden, erfolgreich mit etwas in Verbindung bringen, das größer als wir selbst und wohltätig ist.

Wenn wir unser Leben sanft und kreativ wertschätzen, entwickeln wir Fähigkeiten und Einsichten, die wir zum Leben unbedingt brauchen. Den Küchenboden schrubben, unsere geliebten alten Stiefel polieren, unseren zerrissenen Pyjama flicken, eine kränkliche Pflanze umtopfen – wir verbinden uns in all diesen kleinen Unternehmungen mit Gott in Form einer »guten ordentlichen Richtung«. Erkenntnisse strömen in uns ein, während wir gärtnern oder Gemüse für eine Suppe schnippeln. Indem wir uns fürsorglich um das Leben kümmern, das wir haben, werden wir in die Richtung des Lebens geführt, das wir haben wollen. Die Inspiration kommt in Form von Klarheit – und oft ist das, was da klar wird, ein kleines Etwas, das zu einem anderen kleinen Etwas führt, das wiederum eine große Richtungsveränderung veranlasst.

Meine Schwester Elizabeth, die Porträtmalerin, lebt auf einer Pferdefarm. In ihrer Sattelkammer befindet sich ein alter prachtvoller Orientteppich, der wie ein Gebetsteppich aussieht und in gewisser Weise auch diese Funktion hat. Kann sie einem Problem bei ihrer Malerei mit ihren üblichen Methoden nicht beikommen, setzt sie sich auf diesen abgenutzten, doch wunderschönen Teppich und denkt darüber nach, während sie ihr Sattel- und Zaumzeug reinigt und einölt. Oft kommt ihr dann, wenn sie das geschmeidige Leder durch ihre Finger gleiten lässt, die Metallteile reinigt und poliert, genau die Eingebung, die sie braucht, um das knifflige Porträt fertig malen zu können.
»Mein Sternzeichen ist Jungfrau«, lacht sie, »und ich glaube deshalb vielleicht an einen besonders ordentlichen Gott. Doch ich stelle fest, dass, wenn ich meine Sachen aufräume und in Ordnung bringe, auch spirituelle Fragen in Ordnung kommen. Wenn ich einen Stall ausmiste, scheint irgendetwas die kreativen Engel zu beflügeln und zu inspirieren, mit mir zu reden.«

Übung

Ist unser spirituelles Haus in Ordnung, ereignen sich für uns und andere große Dinge. Wenn wir in der äußeren Welt behindert werden oder nicht vorankommen, ist es oft an der Zeit, uns mit hausfraulicher Hand der inneren Welt zuzuwenden. Wir müssen alle sterben und hoffen, dass wir zu diesem Zeitpunkt unsere Angelegenheiten in Ordnung gebracht haben. Wenn auch nur wenige von uns ganz bewusst den Zeitpunkt ihres Todes wählen, können wir uns doch bewusst dazu entscheiden, schon jetzt unsere Angelegenheiten in Ordnung zu bringen.
Führen Sie fünf Bereiche in Ihrem Leben auf, die Sie in eine bessere Verfassung bringen könnten. Wählen Sie dann aus dieser Liste einen aus, und bringen Sie ihn in Ordnung, zum Beispiel:

1. die Beziehung zu meinem Bruder in Ordnung bringen,
2. mein Testament überarbeiten, um darin meine Zuneigungen und Absichten besser zum Ausdruck zu bringen,
3. meine Cousinen regelmäßiger besuchen,
4. meinen Eltern wöchentlich schreiben,
5. Familienrezepte aufschreiben.

Spiritueller Hausputz wird auch manchmal »karmische Reinigungsaktion« genannt.

Familie

Mir ist nicht ganz klar, wie wir auf den Gedanken kamen, dass es von einer gestörten Persönlichkeit mit einem schrecklichen Hang zur Koabhängigkeit* und Kontrollsucht zeugt, wenn wir den Versuch unternehmen, Leuten, und hier vor allem unseren Kindern, zu helfen. Wann wurde es eigentlich Mode, akzeptabel und der Ausdruck von rechter Gesinnung, einem besorgten Elternteil zu antworten: »Mmmm ... aber zu helfen ist ja doch nicht mehr deine Aufgabe, oder?«?

Wann kamen wir auf die Idee, dass Kinder wie Plätzchen sind – mit achtzehn oder einundzwanzig »fertig gebacken«? Wann kamen wir auf den Gedanken, dass jede Hilfe danach nichts weiter als eine ungebührliche Einmischung in ihr Leben ist? Dass sie nur bedeutet, dass wir irgendeinem neurotischen Bedürfnis nachgeben. Ich glaube, dass ich hier die üblichen Verdächtigen einsammle und wieder einmal die Klugheit von vielem, was in der Therapie abgeht, infrage stelle. Ich nehme an, es stimmt, dass manche Leute unglücklich sind, weil sie sich um ihre Kinder allzu viele Sorgen machen und kein eigenständiges Leben führen. Doch ich beobachte weitaus mehr Menschen, die unglücklich sind, weil sie nicht versuchen, ihren Kindern aktiv zu helfen, was ja immerhin jahrhundertelang funktioniert hat.

Ich glaube an »Vetternwirtschaft«. Ich glaube an helfende Hände. Ich glaube an große Familien, an Unterstützung durch die Familie, an den Austausch von Erfahrungen und ausge-

* Unter dem Begriff versteht man im Allgemeinen zweierlei: einerseits die Situation des engen Umfelds von Suchtkranken – die Lage ihrer Partner, Kinder oder Eltern. Andererseits bezeichnet dieser Terminus auch eine Liebes- oder Beziehungssucht, die so weit gehen kann, dass man beispielsweise an einer Partnerschaft festhält, obwohl man an ihr zugrunde zu gehen droht.

beulte alte Sofas. Ich glaube an die Heimatstation und an das Auffangnetz und die Familienbuschtrommel. Ich glaube an »Bring ihn zum Essen mit« und an »Lass uns einen Ordner mit Familienrezepten anlegen«. Ich glaube an »Lass uns eine Liste mit all den Dingen machen, die du deiner Meinung nach gerne tun würdest, und dann zusehen, wie wir dir behilflich sein können«.

Familien sind keine perfekte Angelegenheit, hatten aber in ihrer Grundanlage durchaus etwas für sich. Bastelt man zu sehr am Basiskonzept der Familie herum, ist das so, als würde man völlig auf makrobiotische Kost umsteigen. Man muss sich schon sehr anstrengen, um die Nährwertgrundbedürfnisse abgedeckt zu kriegen, und wird vielleicht am Ende doch blutarm. Das Familienleben hat spirituellen Nährwert. Vitamine, Minerale. Und es kräftigt die Rückenmuskeln. Ja, manche Eltern können zu starrköpfig sein und ihren Kindern die Luft zum Atmen nehmen; aber weitaus mehr Eltern und Kinder sind unglücklich, weil sie sich *nicht* umeinander kümmern, als sie unglücklich sind, weil sie immer noch in ihrem Familiensaft schmoren. Wie kamen wir auf den Gedanken, dass die Familie eine Sache der Wahl ist? Dass sie eine »Grundeinheit« der Gesellschaft und nicht Teil unseres Lebenswegs ist? Wann haben wir angefangen zu sagen: »›Zufällig‹ bin ich in diese Familie hineingeboren worden«?

Wenn wir uns unsere Familien mit etwas offenerem Blick anschauen, ist da sehr viel mehr als nur etwas »Zufälliges« passiert. Blaue Augen, eine große Nase, eine musikalische Begabung werden in den Familien weitervererbt. Ebenso ein Sinn für Humor, eine Vorliebe für die Kuchenkruste, eine erstklassige Begabung für das Herumbasteln, eine Liebe zu Hunden, ein »grüner Daumen«, die Lust auf Rätsel. Familien waren einmal unser liebster Publikumssport. Familien waren unsere Sonntagsbeschäftigung. Bevor es den Fußball gab, schauten wir zu, wie sich charakteristische Familieneigenschaften zu zeigen begannen – und halfen sogar bei ihrer Entwicklung. Sonntage bedeuteten Poker, Kreuzworträtsel und Bridge. An Sonntagen stellte man fest, wie weit die Holzverkleidung des Spielzimmers gediehen war, und bewunderte die zwei neuen Stücke für den Quilt. Man zog die Sonntagskleidung an und stattete sich einen Besuch ab und fand in der Familie Kontinuität und Humor und auch Verzweiflung.

Die Familie stellt uns in einen Kontext. Wir sind vielleicht anders als sie und grenzen uns von ihr ab, aber sie liefert uns eine Hintergrundkulisse und, am wichtigsten, ein Fundament. Wenn wir ein bisschen mehr an der Verbundenheit mit unserer Familie und ein bisschen weniger an der Verbundenheit mit uns selbst arbeiten, könnte das in uns jenen Funken innerer Freude entfachen, nach dem wir uns sehnen.

Übung

Dies ist eine vielleicht brisante, aber wertvolle Übung. Sie wird Ihren Sinn für Ihr Selbst und Ihre Selbstachtung vertiefen. Betreiben Sie ein wenig »Familienforschung«.

1. Welche Interessen teilen Sie mit Ihrer Familie? Senden Sie ein Zeichen dafür an einen Verwandten.
2. Können Sie mit einem Familienmitglied etwas ohne großen Aufwand unternehmen, um eine dieser Interessen mit ihm zu teilen? Tun Sie's!
3. Haben Sie irgendwo in Ihrem Haus eine »Ahnengalerie«? Schaffen Sie eine!
4. Können Sie die Geburtstage Ihrer Familienangehörigen und besondere Anlässe in Ihrem Notizkalender vermerken? Machen Sie's!

5. Fotografieren Sie die Bereiche in Ihrem Leben, in die Ihre Familie keinen Einblick hat, und halten Sie sie so mithilfe der Bilder auf dem Laufenden.

Vögel

Mein Vater liebte Vögel. Zehn seiner letzten Lebensjahre lebte er auf einem Segelboot, das bei den Florida Keys vor Anker lag. Vom Deck aus sahen er und sein Scotchterrier Blue der steten Parade von großen blauen Reihern, Pelikanen, Möwen und gelegentlich einem weißen Silberreiher zu. Als Dad starb, behielt ich einen seiner abgetragenen Pyjamas, sein Hörgerät und ein kleinformatiges Handbuch über nordamerikanische Vögel.

Mein Vater hatte selbst ein wenig Ähnlichkeit mit einem Vogel, gebrechlich und ungebärdig, wie er war. Als er aus gesundheitlichen Gründen Florida verlassen und nach Hause kommen musste, suchten wir für ihn einen Platz in einem Seniorenheim und kauften ihm ein Vogelfütterhäuschen, das er vor seinem Fenster anbringen konnte. Doch die Vögel bekamen nie die Gelegenheit, sich dort einzufinden. Mein Vater hasste das Eingeschlossensein und brachte es fertig, über eine Annonce in der Lokalzeitung für sich ein kleines sonniges Sommerhäuschen an einer baumumstandenen Bucht zu finden, wo es eine Unmenge Vögel gab. Außerdem plante er den Bau eines neuen Hauses. Wir machten uns Sorgen. Es war ein sehr abgelegener Ort, und der lange, gewundene Weg zu seinem Häuschen führte gefährlich nahe an einer weiteren Bucht vorbei. Doch mein Vater bestand auf seiner Bleibe. Er liebte seine Vögel, und dort wollte er sein. Ich verbrachte einige meiner glücklichsten letzten Besuche bei Dad damit, mit ihm und Blue nur still dazusitzen und zu schauen, welche Vögel durch das Blattwerk am Rand seiner Bucht huschten.

Gestern rief meine Schwester Elizabeth an. Sie war ganz aufgeregt. »Ich habe ein Schwalbenhäuschen gekauft und es auf einem hohen Pfahl befestigt«, berichtete sie. »So etwas hätte Dad gefallen.«

Joseph Campbell lehrte seine Schüler, »ihrer Wonne zu folgen«, wenn sie ein zufrieden stellendes Leben führen wollten. Mein Vater folgte seiner Wonne, und sie gestaltete sein Leben. Seine Liebe zu Vögeln wirkt sich auch weiterhin auf mein Leben aus. Ich fing an, Vögel zu halten, als ich in Manhattan lebte. Ich merkte, dass mich, ganz gleich, wie oft ich mich in den Central Park aufmachte, immer Klaustrophobie überfiel, wenn ich meine Dreizimmerwohnung betrat. »Ich vermisse die Vögel«, dachte ich eines Tages, als mein Vater mir schon fehlte. Spontan kaufte ich sechs Jungvögel und einen gigantischen Käfig.

»Mom, du hast sechs Vögel gekauft?«, fragte meine Tochter, und in ihrem Ton schwang deutlich mit: »Du bist verrückt.«

»Ja. Eine ganze Vogelschar«, antwortete ich und bereute es nie, obwohl mein Liebster und meine Gäste ganz anders dachten und ihre honigsüße Kakophonie als »Krach« bezeichneten.

Mein Vater liebte vor allem Eulen. Meine Schwester hatte ein Eulenpaar auf ihrer kleinen Farm, und Eulen lebten auch in den schützenden Wäldern rings um meines Vaters Häuschen. Er sammelte Eulen – Kupferstiche und kleine geschnitzte Figürchen. Wir waren immer auf Eulensuche für Dad, aber es mussten »gute Eulen sein, nicht so'n kitschiges Zeug«.

Mein Vater war ein eigensinniger Mann. Er weigerte sich, im Alter »vernünftig« zu sein. Er weigerte sich, auf seine Freiheit zu verzichten, und er gab auch nicht seine Vögel auf. Uns wird so sehr eingetrichtert, Spiritualität habe Akzeptanz zum Inhalt, dass uns nur selten klar wird, dass sie auch gleichermaßen Nichtakzeptanz bedeutet. Es gibt Kompromisse, die wir nicht tolerieren können und auch nicht tolerieren sollten. Mein Vater ging bei seiner Unabhängigkeit keinen Kompromiss ein – nicht in dieser Sache und auch nicht in seiner Liebe zu den Vögeln.

Oft entdecke ich hoch oben in den Palmen, die mich hier umgeben, eine Schar buntscheckiger wilder Papageien. Mein Vater hätte sie geliebt.

Während ich das hier schreibe, fliegen sieben riesige Raben zum Wipfel eines hoch aufragenden Weidenbaums, und über ihnen kreist eine einsame Möwe und blickt auf sie herunter. Wie mein Vater habe auch ich einen kleinen schwarzen Hund und eine Sammlung winziger Eulen.

Übung

Dass wir uns erlauben, zu lieben, was wir lieben, gehört zur Selbstliebe. Wir alle sind einzigartig und unersetzlich. Und so spiegelt sich auch in dem, was wir lieben, unsere spirituelle Individualität wider. Ein Interesse zu verfolgen, ist eine spirituelle Pilgerreise. Unsere Lieben führen uns zum Staunen und einem Gefühl von Gnade. Über dem Eingang zum Orakel von Delphi stand geschrieben: »Erkenne dich selbst.« Unsere wahre Natur wird häufig durch das, was wir lieben, am besten enthüllt und entwickelt.

Greifen Sie zum Stift. Schreiben Sie nun hundert Dinge auf, die Sie lieben. Wählen Sie aus diesen hundert die zehn aus, die Sie am meisten lieben. Wählen Sie aus diesen zehn wiederum fünf aus. Wählen Sie aus diesen fünf für den Anfang eins und folgen Sie dieser Liebe aus ganzem Herzen.

Schwierigkeiten

Ich war nach London gekommen, um zu unterrichten, und stellte fest, dass ich selber der Belehrung bedurfte. Meine Englandreisen waren schon immer von Schwierigkeiten begleitet gewesen, und so wies auch diese Reise ein altvertrautes Muster auf – hektische Terminplanung, zu viele Verabredungen, Fehlplanungen. Schließlich fand ich mich, überaus erleichtert, im Wohnzimmer eines behaglichen und üppig begrünten Hauses in St. John's Wood sitzen. Ich suchte eine bekannte Hellseherin auf, eine sanfte Frau in ihren Mittsechzigern mit einer Haut wie aus Porzellan, seeblauen Augen und von anmutigem und einnehmendem Wesen. Ihre Spaniels lagen gemütlich zusammengerollt zu ihren Füßen, als sie mir Tee anbot, das Tonband anstellte und mit ihrem spirituellen Reading begann.

»Zuallererst einmal klingt das, was Sie anstreben, nach einem Leben im Jenseits und nicht nach dem Leben hier«, sagte sie. »Sie sehnen sich nach Frieden, Heiterkeit und Leichtigkeit. Davon werden Sie, wenn es so weit ist, reichlich bekommen, aber nicht jetzt. Denn darum geht es nicht in dieser Welt.« Ich musste widerwillig lachen. Sie hatte sehr genau meine Sehnsucht nach Ruhe und Gelassenheit erfasst.

»Leichtigkeit ist für die andere Seite«, fuhr sie fort und tätschelte einen Moment einen der Spaniels. »Wir glauben, dass die Dinge leicht sein sollten, wenn wir Gottes Willen entsprechen. Doch manchmal ist Gottes Wille etwas Schwieriges. Das gefällt uns nicht, aber es stimmt.«

Das Leben ist schön und schwierig zugleich. Das liegt in seiner Natur. Niemand von uns entkommt dem Schmerz oder Verlust oder der Einsamkeit. Ein sich auf der Vorstellung aufbauendes spirituelles Leben, dass wir der Bedingtheit menschlicher Existenz irgendwie ausweichen oder sie transzendieren könnten, baut sich auf einer Lüge auf. Diese Lüge erzählt uns, dass schwierige Emotionen und schwierige Zeiten unspirituell und inakzeptabel sind. Diese Lüge erzählt uns, dass wir, wenn wir tief in den Stromschnellen menschlicher Erfahrung stecken, vom Schock des Verlusttraumas getroffen sind, etwas falsch machen.

Die meisten von uns kommen allzu leicht zur Schlussfolgerung, dass wir irgendetwas nicht richtig machen, wenn die Dinge nicht haargenau so laufen, wie wir es haben wollen. Es ist sehr verführerisch, zu meinen, dass die Welt sich so verhalten wird, wie wir es uns wünschen, wenn wir etwas nur ein bisschen anders machen. Es ist gut, wenn wir die Verantwortung für uns selbst übernehmen, aber die Verantwortung für alles und jedes übernehmen zu wollen, ist etwas zu bombastisch.

Es gibt Fälle, in denen wir nichts »falsch« machen und unser Leben trotzdem schwierig ist. Die besten aller Ehen müssen Durststrecken durchstehen. Die besten aller Jobs können sich ab und zu als zu stressig oder langweilig erweisen. Alle Kinder machen ihren Eltern zuweilen Sorgen. Niemand verfügt über eine vollkommene Gesundheit. Die Hoffnung, dass unser Leben vollkommen sein wird, wenn wir in guter spiritueller Verfassung sind, ist eine falsche Hoffnung. Richtiger wäre es vielleicht, zu sagen, dass unser unvollkommenes Leben perfekt ist, so wie es ist.

Übung

Um notwendige Schwierigkeiten durchstehen zu können, brauchen wir das Gefühl von spiritueller Unterstützung. Wir müssen uns die Werkzeuge und Einstellungen zunutze machen, die uns auch in beschwerlichen Zeiten ein Gefühl von persönlichem Wohlbefinden aufrechterhalten lassen. Wir müssen:

1. uns immer nur auf einen Tag auf einmal konzentrieren,
2. das Wichtigste an die erste Stelle setzen,
3. uns darin üben, entspannt zu bleiben und es locker angehen zu lassen,
4. loslassen und die Sache Gott übergeben.

Wenn Ihnen diese Maximen vertraut vorkommen sollten, dann deshalb, weil sie allgemein bekannt sind. Millionen Menschen halten sich daran, um die Härten eines vom Alkoholismus beherrschten Lebens durchzustehen. Und außerdem sind sie die amerikanischen Kürzel für universelle spirituelle Konzeptionen. Beantworten Sie nun die folgenden Fragen:

1. Konzentrieren Sie sich immer nur auf einen Tag auf einmal? Sind Sie sicher?
2. Setzen Sie das Wichtigste an erste Stelle? Was ist denn das Wichtigste?
3. Üben Sie sich darin, entspannt zu bleiben und es locker angehen zu lassen? Wie könnte Ihnen das gelingen?
4. Lassen Sie los und Gott machen? Versuchen Sie, eine von Ihren Aktivitäten einmal *nicht* auszuführen.

Entschuldigungen

Gegenwärtig wohne ich in einem kleinen vornehmen Viertel, in dem es von großen, laut bellenden Hunden nur so wimmelt. Sie halten die raueren, wilderen Elemente fern, von denen unsere Nachbarschaft umringt ist. Fünf Blocks weiter verkaufen sie eine Menge Crack. Drei Blocks von uns entfernt schossen sie aus fahrenden Autos, aber unsere Straße ist sicher – wenn man den durch alle unsere Hunde verursachten Lärm aushält.

Mein Beitrag zu dieser Kakophonie sind zwei kleine Hunde, eine Altstimme und ein Sopran. Letzten Sonntag ließ ich sie um acht Uhr morgens raus und verursachte einen Aufruhr.

»Julia!«, hörte ich die verärgerte Stimme meiner Nachbarin. »Ein paar von uns versuchen noch zu schlafen!«

Solchermaßen zurechtgewiesen, rief ich die Hunde wieder ins Haus und nahm mir vor, mich später zu entschuldigen. Das Sichentschuldigen ist eine Kunst, die ich mir erworben habe.

»Was möchtest du lieber? Im Recht sein oder dich wohl fühlen?«, fragte mich meine Freundin Julianna McCarthy einmal (ein Motto, das ähnlich auch aus dem *Kurs in Wundern* bekannt ist).

Im »Recht« zu sein, kann zu Rechthaberei und Einsamkeit führen. Julianna riet mir, ich solle damit aufhören, im »Recht« sein zu wollen, und anfangen, mich zu entschuldigen und Beziehungen wieder in Ordnung zu bringen. Ich wollte sagen: »Aber ich *bin* im Recht! Was ist mit den Prinzipien?« Dann beschloss ich, stattdessen zu experimentieren.

»Es tut mir Leid«, sagte ich zur Angestellten, deren Arroganz mich hatte cholerisch reagieren lassen. »Ich wollte nicht so ausfallend werden.«

Die Angestellte kam zu meinem Erstaunen von ihrem hohen

Ross runter. »Ich habe mich gerade von meinem Freund getrennt«, gestand sie mir.
»Es tut mir Leid, wenn ich so ungeduldig werde«, probierte ich es als Nächstes beim Postbeamten.
»Wir sind hier langsam«, erwiderte er mit einem Lachen. »Das hier ist Mañana-Land, wussten Sie das nicht?«
»Es tut mir Leid«, kam dann mein frisch gebackener Exmann an die Reihe. »Manchmal brauche ich eine Weile, bis ich deinen Standpunkt vernehme.«
»Ich weiß, was du meinst«, sagte er daraufhin lachend. »Mir geht es bei dir auch so.«
Entschuldigungen sind nichts Manipulatives, aber wenn sie es wären, wären sie erfolgreich. Feindselige Gefühle scheinen angesichts versöhnlicher Weichheit dahinzuschmelzen. Eine Verletzung wird fortgenommen, wenn wir uns entschuldigen, und oft wird dann im Gegenzug eine zweite ausgeräumt.
»Es tut mir so Leid wegen meiner Hunde«, sagte ich schließlich zu meiner Nachbarin. »Ich bin immer noch das Ranchleben gewöhnt, wo es ganz normal ist, dass um fünf Uhr morgens die Hunde bellen. Verzeihen Sie mir.« (Ich sagte nicht: »Und übrigens gehe ich so bald wie möglich nach New Mexico zurück.«)
»Verzeihen *Sie* mir«, entgegnete meine Nachbarin. »Ich war so nörgelig.«
Nach diesem Wortwechsel grinsten wir beide reuig.
Ohne meine Entschuldigung hätte ich nie erfahren, wie meine Nachbarin mit ihrem Roman vorankam. Und ich hätte auch nicht den Namen ihrer besten und am stärksten duftenden Rose in Erfahrung gebracht. Schlimmer noch, in meiner Rechthaberei verfangen – »Stadtmenschen, die schlafen ewig« –, hätte ich die Chance verpasst, eine Freundschaft zu schmieden.
»Eine Entschuldigung bedeutet nicht, dass du schrecklich warst«, erklärt meine Freundin Julianna. »Sie bedeutet, dass du menschlich warst.«

Zu meiner gewaltigen Überraschung stelle ich fest, dass es mir ganz gut gefällt, menschlich zu sein – sogar noch besser, als im »Recht« zu sein.

Experiment

Entschuldigungen sind die Kunst der spirituellen Haushaltsführung. Sie helfen, das Leben in Ordnung zu bringen und in Ordnung zu halten. Und doch ist eine Entschuldigung nicht einfach ein »Es tut mir Leid«. Sie erstreckt sich auf die Zukunft wie auf die Vergangenheit: »Es tut mir Leid, was ich getan habe, *und* ich werde es nie wieder tun.« Und wo es angemessen ist, bezieht sie auch die Gegenwart ein: »Und auf diese Art möchte ich es wieder gutmachen.«

Manchmal ist ein bisschen Hausputz auf der physischen Ebene die beste Vorbereitung auf den spirituellen Hausputz. Suchen Sie sich einen unordentlichen oder schmutzigen Bereich in der Wohnung oder im Haus aus, einen Bereich, den in Ordnung zu bringen Sie aufgeschoben haben. Das könnten Ihr überquellender Schreibtisch, Ihre Küchenschränke, Ihre unaufgeräumte Werkzeugecke, Ihr verschmutztes Auto sein. Suchen Sie sich etwas aus, das Sie in Ordnung bringen können. Und denken Sie währenddessen über einen spirituellen Bereich nach, den Sie in Ordnung bringen wollen.

Das geht etwa so: »Ich werde die Regale in den Küchenschränken schrubben und mit frischen Papier auslegen. Dann werde ich Jane anrufen und ihr sagen, wie sehr mir unsere Freundschaft fehlt und wie Leid es mir tut, dass ich über sie getratscht habe.« Das aus dem physischen Tun entstehende Selbstwertgefühl hilft uns, die spirituelle Aktion durchzuführen.

Mühelosigkeit

Eine kalte neblige Dämmerung hat eingesetzt, das Licht der Straßenlaternen verschwimmt in den Dunstschleiern, die vom Ozean hereinziehen. In Südkalifornien weisen die Jahreszeiten nur feine Unterschiede auf, aber es gibt sie. Der Winter ist im Anmarsch, und die Gärten kleiden sich in Wintertristesse. Heute bringt der Nebel die Palmenwipfel zum Verschwinden, sodass sie wie Besenstiele aussehen und nicht wie Staubwedel. All das empfinde ich als düster und unheilvoll, weil ich mir Sorgen um meinen Freund Stephen mache. Er steht auf etwas, das man als die kalorienarme Bräuversion von »spirituellem Sadomaso« bezeichnen könnte.

Stephen und ich sind schon seit zwanzig Jahren befreundet, seit damals, als er sich in New York als Schauspieler durchschlug und ich meinen Lebensunterhalt mühselig mit dem Schreiben für Magazine verdiente und mich von Thai-Nudeln und Espresso ernährte. Im Verlauf der Jahre musste ich mit ansehen, wie Stephens beträchtliche Talente immer wieder durch seine spirituelle Überzeugung unterminiert wurden, dass alles, was unerträglich schwer und rigoros war, irgendwie gut für ihn und seine Kunst sein musste.

Wie so viele von uns glaubt auch Stephen an spirituelle Härten und nicht an spirituelle Mühelosigkeit. Er hörte auf Joseph Campbells Rat »Folge deiner Wonne« und gestattete sich, die Tür zu einem Leben in der Welt der Künste zu öffnen. Dort angelangt, vergaß er aber, sich an der Wonne oder Mühelosigkeit als Richtschnur zu orientieren. Sein selbstverleugnender Kalvinismus erhob als »spirituelles Wachstum« verkleidet sein Haupt.

Die Dinge, die Stephen leicht zuflogen – Filmarbeit, Werbung, Off-Kommentare im Rundfunk –, sah er als unwichtig an. Nicht nur sah er den geschenkten Gäulen ins Maul, er versetzte ihnen auch einen Klaps aufs Hinterteil und scheuchte sie davon. Immer wieder wandte er sich von den Chancen ab und den Widrigkeiten zu. Diese vorzüglich rationalisierte Selbstsabotage präsentierte er seinen Freunden – und sich selbst – gegenüber stets als Gelegenheit zur spirituellen Weiterentwicklung.

Erst war da die absolut nicht funktionierende Theatertruppe. Stephen, der klassische gut aussehende Typ des Hauptdarstellers, litt Saison um Saison unter Charakterrollen, in denen er fehlbesetzt war. Dann war da die unmögliche Ehe mit der schönen Hauptdarstellerin, die so egoistisch und gierig war wie eine böse Disney-Hexe.

Stephen wurde zunehmend depressiver und nannte es »spirituelle Suche«. »Ich denke immer, ich sollte damit umgehen können«, erzählt er mir. »Ich denke immer, da steckt eine Lektion drin.«

Manchmal heißt die spirituelle Lektion, die wir lernen sollen, jedoch: »Das hier ist inakzeptabel.« Frauen, die geschlagen werden, lernen diese Lektion, wenn sie endlich gehen, wenn sie aufhören, zu sagen, Gott wolle, dass sie bei ihrem prügelnden Ehemann bleiben, weil »die Ehe etwas Geheiligtes sei« – so als ob sie selber es nicht wären.

Wann immer wir an einen strafenden Gott glauben, der darauf aus ist, Lektionen zu erteilen, begeben wir uns mit unserer Spiritualität in eine unausgewogene Eltern-Kind-Beziehung und sperren uns darin ein. Wir akzeptieren das Inakzeptable und versuchen, uns gegenüber einem despotischen, autoritären Lehrer wie gute kleine Jungs und Mädels aufzuführen. Wann immer wir eine Institution über die Menschenwürde stellen, glauben wir an einen konservativen und hierarchisch gesinnten Gott. Stephen glaubte an die Schauspielerei als Institution und beschädigte sich dabei selbst als Schauspieler. Er glaubte an die Ehe als Institution und beschädigte sich selbst als Ehemann. Keine Karriere, keine Ehe, keine Angliederung an irgendeine äußere Form verdient es, über unseren Selbstwert gestellt zu werden.

Der dichter werdende Nebel hat sich eben zur Nacht verdunkelt. Ein Anruf von Stephen hat ergeben, dass ihm gerade ein paar Unterrichtsjobs angeboten wurden, die ihm finanzielle Unabhängigkeit bringen und für ihn ein erfreuliches, kreatives Ventil darstellen würden. Was für ein Albtraum für ihn!
»Ich denke darüber nach«, erzählt er mir. Stephen ist so ans Elend gewöhnt, dass ihm irgendwelche Chancen fremd und bedrohlich vorkommen. Die Angebote von allen Seiten betrachtend, sucht er weiter nach dem negativen Aspekt.
»Ich glaube, das Unterrichten würde mir tatsächlich Spaß machen«, sagt er, ganz offensichtlich verblüfft von dieser Aussicht. Ich hoffe, der Nebel wird sich über Nacht auflösen und Stephen wird die Klarsicht besitzen, »Mühelosigkeit« als spirituelle Möglichkeit zu akzeptieren.

Übung

Unserem sorgenvollen Sichmühen und -überanstrengen liegt die tief sitzende Angst zugrunde, dass man sich nicht um uns kümmern wird, dass wir von anderen, von uns selbst und von Gott verlassen oder verraten werden. Das wirksamste Gegenmittel für diese Ängste ist das Praktizieren von Dankbarkeit, das Aufzählen von Fällen, in den man sich um uns gekümmert hat. Diese ganz bewusste und konkrete Vergegenwärtigung von Menschen, Begebenheiten, Dingen und Umständen, für die wir dankbar sind, erleichtert uns das Herz.
Suchen Sie sich ein Musikstück aus, das »Sicherheit« für Sie bedeutet – Musik, die Ihrem Herzen wohl tut und Ihnen das Gefühl von Geborgenheit gibt. Entzünden Sie Räucherstäbchen, suchen Sie sich ein bequemes Kissen. Legen Sie sich flach auf den Rücken, und zählen Sie hörbar – ja, laut vernehmlich – die Dinge auf, für die Sie dankbar sind.

Kontinuität

Wir leben in einer »Suppentassen«-Gesellschaft mit in der Mikrowelle erwärmten Mahlzeiten und einem »Schnell-schnell«-Lebensstil, der uns ohne spirituelle Nahrung vorantreibt. Die zu Hause gekochte Mahlzeit ist durch das Essen bei McDonald's ersetzt worden, dessen gelbe Bögen uns vielleicht schon so vertraut erscheinen wie die Haustür eines alten Freundes.

Das Gefühl von Kontinuität kann viel für unser Empfinden von Sicherheit und spiritueller Verbundenheit tun. Die Wiederbegegnung mit einer Person, die uns in jungen Jahren kannte und sehr gern hatte, kann uns, wenn wir älter sind, das Gefühl geben, wahrgenommen und wertgeschätzt zu werden. Als wir noch in kleineren Städten lebten und unser Leben weniger zersplittert und hektisch war, fanden wir diese spirituellen Sichtzeichen oft in Gestalt von so unterschiedlichen Menschen wie dem Postboten, dem Metzger, dem Tankwart und dem Friseur. Wir wuchsen an der Seite von Menschen auf, die wir kannten und die uns kannten. Sie kannten unsere Eltern und unsere Geschwister, und wir kannten die ihren. Wir waren füreinander Zeugen unserer Leben, und als solche ehrten wir auch einander. Das schuf ein Gefühl von Kontinuität und Perspektive. Schwere Zeiten waren damals schwere Zeiten und nicht die Summe all dessen, was wir getan oder wofür wir uns entschieden haben.

Kontinuität war einmal ein Geschenk des Lebens. Nun ist es ein gewähltes Geschenk, das wir, wenn wir uns dazu entscheiden, uns selbst und anderen machen können. Der Weihnachtsgruß, die Postkarte, die Fotos von unserem neuen Heim auf der anderen Seite des Kontinents, die wir schicken – alle diese kleinen Gesten schaffen einen Pfad der Liebe, auf dem wir weiterwandern können. Manchmal müssen wir, um das Gefühl von Kontinuität zu haben, ihr selber Ausdruck geben. Wir müssen uns die

Zeit nehmen, die Postkarte an eine alte Tante zu schreiben. Wir müssen uns die Zeit nehmen, die Schachtel Karamellbonbons an die pensionierte Lehrerin abzuschicken, die damals unsere Grammatik und unser Leben in Ordnung brachte.

Die Mitglieder der Zwölf-Schritte-Programme werden aufgefordert, sich einer Gruppe anzuschließen, die für sie ein Anker der Kontinuität sein kann. Das Treffen am Sonntagabend bei Kerzenschimmer steht in vielen modernen Leben für die »Potlucks« damals bei Tante Fran: die Abendessen, zu denen alle ein Gericht mitbrachten. Die Mitglieder kommen allwöchentlich zusammen und berichten vom Auf und Ab ihres Daseins, vom neuen Job oder von der Ehe, die sie eingegangen sind, den Wachstumsschmerzen auf ihrem Karriereweg, den Sorgen wegen eines Kindes, das Drogen nimmt, oder der Beziehung, die in einer Krise steckt – all das teilt man miteinander, all das wird ins Fotoalbum der Kontinuität geklebt, das die Gruppe für alle bedeutet. Die Verbindung mit einer Kirche mag dieselbe Funktion erfüllen. Und ebenso das Bridgespiel am Donnerstagabend.

Wir müssen unser Gefühl von Einsamkeit und Isolation in ein Gefühl von Gemeinschaft und Kontinuität überführen, auch wenn das bedeuten sollte, dass wir uns dafür das Web zunutze machen, über E-Mail kommunizieren oder mal ein Ferngespräch über Kontinente hinweg führen. Wir müssen uns irgendwo »einloggen«, und sei's auch nur im Cyberspace, das ist immer noch besser als nirgendwo.

Übung

Diese Übung mag zunächst Kummer bereiten, aber sie wird letztlich Freude bringen. Schreiben Sie die Antworten nieder.

1. Auf welche Art bauen Sie Kontinuität in Ihrem Leben auf?
2. Wie könnten Sie sonst noch Kontinuität in Ihr Leben bringen? Probieren Sie eine der Möglichkeiten aus.
3. Bei welchen Freunden sind Sie derzeit »eingeloggt«?
4. Bei wem könnten Sie sich noch »einloggen«?
5. Haben Sie daran gedacht, eine E-Mail zu schicken?
6. »Loggen« Sie sich ganz formell wenigstens einmal am Tag bei Gott ein?

Enttäuschung

Mit der Tragödie können wir umgehen. Wir überstehen den erschütternden Schlag. Unsere Freunde scharen sich um uns. Wir gehen in die Knie. Wir weinen. Wir überleben. Womit wir nicht umgehen können, jedenfalls nicht gut, ist das stete »Tropf, tropf, tropf« der Enttäuschung. Mit ein bisschen Glück lässt uns die Tragödie stark und mitfühlend werden. Die Enttäuschung aber macht uns bitter, wenn wir nicht aufpassen.

Wenn die Tragödie über uns hereinbricht, entdecken wir, dass wir über ein Fundament an Weisheit verfügen. »Das hier ist gewaltig«, sagen wir uns, und unsere Freunde sagen es auch. Wir sind klug genug, nicht von uns zu erwarten, dass wir wie ein Automat funktionieren. Wir bringen ein bisschen Selbstliebe auf, sind dankbar, dass wir »unter diesen Umständen« überhaupt funktionieren. Die Tragödie, so schrecklich sie ist, kann ein spirituelles Tonikum sein. Ihre Stiefschwester, die Enttäuschung, kann hingegen spirituelles Gift sein.

Wie bei der durch Chemikalien oder Verstrahlung bewirkten Umweltvergiftung kann der durch wiederholte Enttäuschungen geforderte Tribut fast zu subtil sein, um bemerkt zu werden. Es findet ein allmählicher und feiner Abfluss von Optimismus statt. Enthusiasmus und Vitalität nehmen ab, und das scheinbar ohne Ursache. Eine »grundlose« Depression setzt ein, und wir sind emotional zu und dicht, haben keine Inspiration mehr oder keinen Antrieb, sie zu finden. »Was ist passiert?« Schließlich rappeln wir uns vielleicht so weit zusammen, um uns diese Frage zu stellen.

»Nichts ist passiert«, antworten wir und meinen damit »nichts Großes«. Eine Enttäuschung ist schon der Definition nach etwas Geringes, etwas, das »uns nichts ausmachen sollte«, also machen wir unsere Enttäuschungen klein, lassen sie unberücksichtigt und verurteilen uns dafür, dass wir sie überhaupt empfinden.

Die Enttäuschung bringt in den meisten von uns den Selbsthass hervor. Ganz gleich, was wir fühlen, wir sollten darüber stehen.

»Vergiss es. Es ist nicht wichtig«, sagen wir uns, wenn wir merken, dass uns die Tränen kommen.

»Verdammt nochmal. Werde endlich erwachsen!«, fauchen wir uns an, wenn uns eine abgesagte Verabredung zum Abendessen innerlich abstürzen lässt.

Wenn eine Tragödie über uns hereinbricht, sind wir klug genug, uns anderen mitzuteilen, aber wenn die Enttäuschung ihr Haupt erhebt, halten wir den Mund und versuchen, es so durchzustehen. Uns aus eigener Kraft hochrappelnd, verlangen wir von uns, »darüber hinwegzukommen«, egal, was es ist. Stoizismus ist angesagt. Mitgefühl uns selbst gegenüber kommt nicht infrage.

»Was gibt's da zu heulen?«, fahren wir uns selber an, Aschenputtels böse Stiefschwestern könnten es nicht besser machen. Selbstverachtung, Selbsthass und Selbstverurteilung recken ihre Häupter hoch. Wir sind von uns enttäuscht, weil wir enttäuscht sind. Unserer Situation mangelt es an fesselnder Größe – und uns auch.

Unsinn. Enttäuschung gehört zur Bedingtheit menschlicher Existenz. Das müssen wir akzeptieren – und uns selber auch. Ein bisschen Zärtlichkeit ist gefragt, auch wenn sie anfangs etwas bemüht wirken sollte.

Ich glaube an das Weinen über Enttäuschungen. Ich nenne es »das Herz wässern«, damit der Garten des Lebens dort weiterhin wurzeln und wachsen kann.

Übung

Es sind unsere unbetrauerten Verluste, die zu Narbengewebe in unserem Herzen werden. Wir tragen eine unbenannte und unerkannte Bürde in Form von Verlusten, die wir erlebt, aber nicht angemessen betrauert haben. Nehmen Sie sich eine stille Stunde Zeit. Unterteilen Sie ein Blatt Papier in drei vertikale Spalten. Führen Sie in der ersten Spalte Ihre unbetrauerten Verluste auf. Notieren Sie in der zweiten Spalte heilende Aktionen, die Sie in Bezug auf diese Verluste unternehmen könnten. Führen Sie in Spalte drei eine Freundin, einen Freund, einen Sponsor, Therapeuten oder Geistlichen an, der oder dem Sie Ihre Enttäuschung in allen Einzelheiten anvertrauen können. Gehen Sie sanft mit sich um, und lassen Sie sich Zeit mit dem Aufarbeiten Ihrer Verlustliste.

Wenn Sie harte Zeiten durchmachen, kann Ihnen die Überprüfung, ob Sie folgende Maximen beherzigen, helfen, sie besser durchzustehen.

1. Leben Sie mit Ihrer Schwierigkeit so, dass Sie sich immer nur auf einen Tag im Leben auf einmal konzentrieren, oder stellen Sie sich eine elende Zukunft vor? Finden Sie eine Möglichkeit, zum Ausgleich etwas Freude in jeden Tag zu bringen?
2. Praktizieren Sie »das Wichtigste zuerst« und lassen Sie sich selbst die nötige Fürsorge angedeihen – gutes Essen, ausreichend Schlaf und Körperbewegung? Bitten Sie um Hilfe, wenn nötig?
3. Setzen Sie sich selbst realistische Ziele? Geben Sie einem Wunsch nach Dramatisierung nach und beziehen Sie Ihr Selbstwertgefühl aus einem Märtyrertum, das völlig fehl am Platz ist?
4. Denken Sie daran, um spirituelle Hilfe und Unterstützung zu

bitten? Gestehen Sie sich eine Ermutigung durch das Gebet oder spirituelle Lektüre zu? Vergessen Sie, dass es einen Gott gibt, und verhalten Sie sich, als wären Sie selbst einer? Denken Sie daran, dass nicht nur Sie, sondern auch die, die Sie lieben, einen eigenen Gott haben?

5. Was können Sie unternehmen, um sich selbst zu umsorgen und sich eineFreude zu machen?

Mitgefühl bedeutet nicht Selbstmitleid oder Mitleid mit anderen. Mitgefühl bedeutet Einfühlungsvermögen in sich selbst und andere. Es bedeutet, zu fragen: »Wo tut es weh?«, und dann auf die Antwort zu hören. Mit anderen Worten, Handeln in diesem Sinne bedeutet nicht unbedingt, die beruhigenden Worte »Ist ja schon gut, alles wird gut« auszusprechen. Es könnte auch die herausfordernden Worte bedeuten: »Versuch dies.« Die meisten spirituellen Traditionen verfügen über irgendeine Art Klageforum. Machen Sie jetzt die Seite, auf der Sie all die Antworten notieren, zu einem solchen Forum.

Legen Sie noch einmal drei Spalten an. Notieren Sie in der ersten Spalte das, was wehtut. Notieren Sie in der zweiten Spalte, *warum* es wehtut. Und notieren Sie in der dritten Spalte, was Sie dagegen unternehmen können. Was Ihnen wehtut, könnten Dinge sein, die Sie bedauern oder auf die Sie einen Groll haben bzw. die Sie verbittern, oder es könnten auch ganz reale körperliche Schmerzen sein. Gleich, um was es sich handelt, gewöhnlich gibt es irgendeine mitfühlende Aktion, die Sie unternehmen können, und mag sie auch noch so geringfügig erscheinen. Stellen Sie diese Aktion ganz konkret und genau auf den Schmerz ab, um den es geht. Wenn Sie Ihre mangelnde Ausbildung bedauern, nehmen Sie kein heißes Bad, sondern schreiben Sie sich für einen entsprechenden Kurs ein. Lassen Sie sich, wenn Sie sich wegen Ihrer Beziehung zu Ihrer Schwester mies fühlen, etwas Spezielles einfallen, um das Verhältnis in Ordnung zu bringen.

Lass den Klops fallen

Wenn wir beschließen, an unserer Spiritualität zu arbeiten, behandeln wir Gott oft so, als wären wir Ehepartner und versuchten, unsere miese Ehe zu retten. Sie wissen schon, wie das abläuft: Wir werden sehr ernst, wir sind sehr entschlossen, »das Problem zu lösen«. Und was passiert dann? Wir sind so damit beschäftigt, an unserer Beziehung mit Gott zu arbeiten, dass wir gar keine mehr haben. Wir begeben uns in den Selbsthilfemodus und fangen an, einen Haufen Bücher über unsere gestörte Beziehung zu Gott zu lesen. Wir lassen uns von Experten beraten. Das, was wirklich funktioniert, wenn eine Beziehung in Schwierigkeiten steckt, tun wir nicht. Wir kommen nicht auf die Idee, den Vorschlag zu machen: »Lassen wir den Klops fallen, spielen wir ein bisschen, gehen wir ins Kino.«

Gott könnte es fabelhaft finden, mit uns ins Kino zu gehen oder am Strand zu spazieren oder irgendwo eine Malzmilch zu trinken. Gott könnte sehr gerne einfach ein bisschen Zeit mit uns verbringen oder eine Radtour unternehmen oder sich unsere unredigierten Gedanken anhören wollen statt unsere sorgfältig vorbereiteten Statements, unsere formellen, spirituell korrekten Gebete. Mit anderen Worten, Gott könnte wie der Typ sein, der dich wirklich mag und mit dir eine Beziehung haben will, nicht wie der Typ, der nur eine Blonde an seinem Arm hängen und eine Beziehung mit einer Trophäe haben möchte. Gott könnte ganz real sein und daran interessiert, dass auch wir ganz real zu ihm zurückkommen.

Geht eine intime Beziehung den Bach runter, dann stets, weil es zu gefährlich zu sein scheint, so zu sein, wie wir wirklich sind. Weil wir angefangen haben, zu redigieren, in Rollen zu verharren, uns beengt und eingezwängt zu fühlen und schrecklich ernst zu sein. Wir werden wütend und sagen: »So denke ich und das brauche ich«, statt: »Ach, Schatz, ich fühle mich ziemlich elend und brauche entweder ein Eis oder Sex oder muss mich mal ordentlich ausheulen oder ins Kino oder ... ich weiß nicht, was – kreeeiiisch!«

Gott wären wahrscheinlich ein paar »Ich-weiß-nicht-was-kreeeiiisch!«-Gebete mehr ganz recht. Und ebenso mehr Verabredungen zu »Lass uns einfach mal ausgehen«, mehr »Lass uns mit dem Hund im Park spazieren gehen und über die Welpen lachen«. Wie jedem anderen Partner auch würde es Gott wahrscheinlich gefallen, wenn wir ein bisschen fröhlicher wären und ab und zu auch ein paar Dinge *mögen* würden. Vielleicht braucht Gott den Fußball am Sonntag mehr als unsere widerwillige Anwesenheit in der Kirche. »Lass uns irgendwohin fahren, Gott« ist vielleicht eine bessere Idee, als ihm mit dem Gebet des heiligen Franziskus eins auf die Rübe zu geben. Gott möchte uns vielleicht helfen, ein Werkzeug des Humors mehr noch als des Friedens zu werden.

Tagesordnungspunkte stehen Beziehungen im Weg. Sie bringen ein Element von Stechschritt hinein, wo Turteln vielleicht mehr gefragt wäre. Wir sprechen über die »Liebe Gottes«, denken aber kaum je daran, Gott zu umwerben. Eine gute, lang anhaltende Beziehung beginnt gewöhnlich damit, dass man zusammen lacht und ein bisschen Zeit miteinander verbringt. Ab und zu ein Blumenstrauß ist auch eine fabelhafte Idee. Fußmassagen sind großartig, und wenn das Lachen bleiben kann, können es die Partner meist auch.

Wir sprechen nicht viel über die lachende Seite Gottes. Wir tun so, als sei Gott ernst und gewichtig und stinksauer und als täten wir gut daran, zu spuren. Wir sehen nicht auf die Welt, die uns umgibt, und schließen daraus, wie wir eigentlich könnten, dass Gott es liebt, herumzukritzeln und zu experimentieren, und dass er lebhafte und mutige Geschöpfe mag wie zum Beispiel Welpen und vielleicht so was wie uns. Wir verfallen so oft darauf, Gott gegenüber bis zur Erschöpfung erwachsen zu tun, ein Partner in einer lausigen Ehe. Wir ziehen diese »An-mir-liegt's-nicht-ich-bin-vollkommen«-Nummer ab.

»Ich bete doch, oder? Ich meditiere!« (»Ich besorge deine verdammte Wäsche, Gott, oder etwa nicht?«)

Wie in den meisten Beziehungen könnten hier ein bisschen weniger Arbeit und ein bisschen mehr Zuhören ganz gut kommen. Es könnte klappen.

Übung

Nehmen Sie einen Stift und lädieren Sie Ihr Märtyrertum.

1. Sind Sie davon überzeugt, dass es spirituell ist, sich elend zu fühlen?
2. Glauben Sie, dass Sie, wenn Sie Schwierigkeiten und Probleme haben, Pluspunkte im Himmel sammeln? Nennen Sie fünf unzumutbare Situationen, die Sie um der Spiritualität willen ausgehalten haben.
3. Fühlen Sie sich moralisch überlegen, wenn Sie leiden? Schreiben Sie einen Dialog zwischen Ihrem Märtyrer und Ihnen selbst. Bringen Sie Ihren Märtyrer durch Fragen und Antworten zum Sprechen.
4. Glauben Sie an einen düster-ernsten Gott? Schreiben Sie fünf glücklichere auf.
5. Sind all Ihre »spirituellen Lektionen« deprimierender Natur?

Backen Sie sich Plätzchen.

Visionen

Man könnte sagen, dass sie Träumen sehr ähnlich sind, nur überzeugender. »Fesselnd« könnte das richtige Wort sein. Die Rede ist von den spirituellen Erlebnissen, die manche Leute »Visionen« und mehr dem Psychiatrischen zuneigende Menschen »Wahnvorstellungen« nennen.

Vor sechs Jahren wurde mir eine besonders beeindruckende Reihe solcher Erfahrungen zuteil. Sie begannen in England und zunächst als etwas, das ich nur hörte, dann kamen Bilder dazu. Sie behandelten eine große Vielfalt metaphysischer Themen und konzentrierten sich kurz auf unsere weitgehend ungenutzten und ungeahnten schöpferischen Kräfte. Wieder zu Hause in New Mexico, setzten sich diese Erlebnisse fort, wobei es nun nicht mehr um persönliche, sondern um planetarische Dinge ging. Ich hatte das Gefühl, im Film »The March of Time« zu sein: Gesichter der Vorfahren, ein Überblick über die Erde, ein grauenvoller Rückblick auf das menschliche Leiden in vielen Formen und dann ein überwältigendes Gefühl von Mitempfinden und Gleichheit. Ich saß östlich von meinem Adobehaus unterm Apfelbaum im Gras und sah zu, wie vor meinem geistigen Auge spirituelle Ereignisse abrollten wie ein langer Dokumentarfilm über alles, was ich wissen und wie ich leben sollte. Als ich so Tag um Tag unterm Apfelbaum saß, wurden meine Freunde auf die Sache aufmerksam, manche waren fasziniert, manche alarmiert. Je nach Sichtweise hatte ich einen Nervenzusammenbruch, eine schamanistische Erfahrung oder einen kreativen Durchbruch. Man hätte sich darauf einigen können, dass es alles Genannte war.

Wir alle haben spirituelle Erlebnisse, so etwas geschieht ständig. Es gibt sie in jeder Form, vom ganz Subtilen und Spielerischen bis hin zum Dramatischen, vom anscheinend Zufälligen bis zum derart Überzeugenden, dass es unser Leben verändert. Wir reden nicht viel über solche Erfahrungen, weil man uns sonst womöglich einsperrt. Ihre Realität bleibt unser kleines Geheimnis. Wenn wir diese für uns ganz konkreten Erfahrungen anderen anvertrauen, kann es zur Skepsis neigende Menschen veranlassen, ihren für Patienten vorbehaltenen Ton hervorzuholen, so wie es ganz sicherlich bei mir der Fall war.

»Also, Julia, was ist das für ein Satz, den du immer hörst? ›Klangkörper, Lichtkörper, Klangkörper, Lichtkörper?‹ Das ist Quatsch.«

Und wenn du dann erwiderst: »Nein, eigentlich ist es die Grundlage des Universums«, schauen sie dich zutiefst besorgt an.

»Vielleicht bist du schizophren. Du hörst Stimmen? Vielleicht bist du manisch-depressiv. Vielleicht bist du ...«

»Völlig übergeschnappt«, denken sie. Und darüber zu diskutieren, bringt nicht viel. Sie tun möglicherweise besser daran, sich in einschlägige Literatur zu vertiefen. Ich las endlos viel über schamanistische Erfahrungen. Da war ich auch, das hab ich auch getan, schloss ich daraus. Ich las über Erfahrungen mit Kundalini. Ja, ja, dito, auch da gewesen. Ich las spirituelle Autobiographien hinduistischer und christlicher Mystiker. Je mehr ich las, desto mehr erschien es mir, dass eine ungeheure Menge Menschen aus einer ungeheuren Menge Traditionen eine ungeheure Menge von so ziemlich denselben Dingen gesehen hat. »Alle Wege führen nach Rom. Ich meine Om«, fing ich an zu scherzen. Die Visionen hatten mir etwa dasselbe gesagt. Weit davon entfernt, mich anders als andere und etwas Besonderes zu fühlen, empfand ich mich nun durch meine Erlebnisse so wie alle anderen, ganz normal und mit ihnen verbunden. Kam ich mir jetzt spiritueller vor, so kamen mir auch alle anderen spiritueller vor. Insgesamt gesehen machten wir uns besser, als ich gedacht hätte. Wir torkelten in die richtige Richtung, und was sind schon ein paar Jahrtausende unter Freunden?

Meine Musicals »Avalon« und »Magellan«, meine Bücher über Kreativität und über Gebete, meine Pläne und meine Dichtung, mindestens ein Dutzend Werke bis zum heutigen Tag, scheinen allesamt als ein Resultat meiner spirituellen Diashow hervorgesprudelt zu sein. Im Verlauf der Jahre bin ich anderen begegnet, die die gleichen Erlebnisse gehabt haben wie ich – manche benutzten das Wort »Erweckung« dafür. Ich bin nach und nach zur Schlussfolgerung gelangt, dass spirituelle Erfahrungen weitaus üblicher sind, als wir zugeben wollen, und dass sie durch unser vertieftes Erkunden spiritueller Praktiken, die sie hervorlocken, bald noch verbreiteter sein werden. Ich habe hier meine persönlichen Erfahrungen kurz skizziert in der Hoffnung, dass andere mehr von den ihren preisgeben werden. Ich vertrete nämlich die Theorie: Wenn wir unsere spirituellen Erfahrungen und Erlebnisse aus dem Versteck holen, öffentlich machen und auf die Straße bringen, könnten wir uns dort unter Umständen sicherer fühlen.

Übung

Der Alltag ist voller phantastischer spiritueller Erfahrungen. So ist unser Leben, wenn wir sie sehen wollen.

1. Glauben Sie an Visionen oder wenigstens an kurze »Eingebungen«? Schreiben Sie die Antwort auf.
2. Kennen Sie eine Person, die eine Vision hatte?
3. Hatten Sie selber eine Vision?
4. Haben Sie jemandem davon erzählt? Mit wem könnten Sie darüber sprechen?
5. Würden Sie jemandem davon erzählen? Tun Sie's. Wenn Sie sich dabei unsicher fühlen, verfassen Sie einen Dialog, bei dem Sie es jemandem erzählen.

Liebesbriefe

Ich denke, Gott ist da nicht anders als alle anderen auch. Telefonanrufe sind schön, aber noch schöner ist's, ab und zu einen Brief zu bekommen. Ich schreibe sehr viel an Gott. Ich setze mich hin, fange an mit »Lieber Gott und höhere Mächte« und erstatte dann Bericht. Manchmal nimmt es sich aus wie eine Kriegsberichterstattung, so als würde ich von der Front nach Hause schreiben. »Wir haben hier einen Einbrecher herumstrolchen. Ich denke, dass ich das Haus vielleicht verkaufen sollte. Die Polizei kann seiner nicht habhaft werden, und ich habe ziemlich Angst.« Manchmal geht es etwas weniger dramatisch zu. »Mir fehlt John wirklich sehr, und ich hoffe, ihr kümmert euch gut um ihn. Im Moment habe ich niemanden, mit dem ich über meine Träume reden kann, und das macht mich traurig. Könntet ihr euch mal nach einem Freund für mich umsehen?«

Manchmal steht in meinen Briefen auch: »Wisst ihr, was mich wirklich glücklich machen würde? Nur so ein dezenter Hinweis.« Manchmal sind es auch Berichte über Flora und Fauna. »Meine Nachbarin zur Linken hat eine Rose mit scharlachroten Rändern, so groß wie eine Untertasse, die wirklich ganz phantastisch ist.« (Falls Gott es nicht bemerkt haben sollte.)

Wenn ich mich in einem Tief befinde oder schlechte Laune habe, kann ich mich auch zurückhalten und Gott nicht schreiben. Ich kann auf Funkstille schalten und denke mir: »Gott weiß es sowieso.« Aber wenn ich eingeschnappt bin und schmolle, ist es sehr viel besser, wenn ich zur Feder greife und losmeckere: »Lieber Gott, soll dieser höllische Schlamassel etwa meiner spirituellen Weiterentwicklung dienen? Ich finde das ganz schön uncool, und mir fällt auch nichts mehr dazu ein, also schick mir ein paar Ideen, bitte.«

Ich lasse auch eine Menge »Schick-dies-und-das«-Gebete los, was die niedere Gebetsstufe von »Gib mir, gib mir« ist, wie man mir sagt. Doch ich weiß von meiner Erfahrung mit meiner Tochter her, dass ich ihr gerne Dinge gebe und dass ich manchmal sauer werde, wenn sie sich ohne mich durchwurschtelt und mir nichts sagt. »Warum hast du mir nicht gesagt, was du brauchst? Das ist doch ein Leichtes!« Ich habe die Vermutung, dass Gott das Helfen Spaß macht – so wie mir.

Dabei stelle ich mir Gott nicht wirklich wie den Weihnachtsmann vor, obwohl ich eine Menge Erlebnisse hatte, die eine solche Vorstellung nahe legen könnten. Ich habe den Hang zur Entdeckung wundervoller und phantastischer Orte, an denen ich gerne leben würde, und glaube, hier könnte sich der »Frau-Weihnachtsmann-Aspekt« Gottes angesprochen fühlen. Ich setze mich hin und schreibe: »Ich brauche zwei Arbeitsräume und Licht und eine vertretbare Miete und würde gerne eine Kirchturmspitze sehen, so wie damals, als ich diese großartige Altbauwohnung an der North Ninth Avenue hatte ...« Gewöhnlich bekomme ich alle Wünsche auf der Einkaufsliste erfüllt und noch ein paar Extras. Und das wohl nicht deshalb, weil ich Gottes Liebling wäre, sondern weil ich darum gebeten habe.

Meiner Erfahrung nach ist Gott ein wohlwollendes, zuhörendes, interaktives »Es«, und wenn ich mit diesem »Es« kommuniziere, fühle ich mich besser. Wer weiß, es kann gut sein, dass sich die Briefe ungeöffnet stapeln, aber sie zu schreiben, tut mir gut – und es fühlt sich ganz gewiss so an, als würden sie gelesen.

Ich habe Entwicklungsstadien durchgemacht, in denen ich eine intellektuell sehr viel akzeptablere Methode haben wollte, mich auf Gott zu beziehen. Ich genierte mich, wenn andere Leute sich einer ausgeklügelten und formellen Routine bedienten und ich Postkarten und Dankeschöns schickte. Und doch war

es wundervoll, einen schriftlichen Weg der Kommunikation zu haben.
»Ich wünsche ...«, schrieb ich und kritzelte dann vielleicht an die zwanzig Wünsche hin, angefangen bei »Ich hätte gerne einen anständigen Haarschnitt« bis zu »Ich hätte gerne einen Einfall für ein neues Musical«. Und schon wurden meine Wünsche auf mysteriöse Weise, fast hinter meinem Rücken und manchmal mit geradezu beleidigender Geschwindigkeit (ein anderes Mal auch nicht) der Reihe nach abgehakt.
Ich habe ein von einem großen blauen und weißen Drachen umschlungenes Gefäß, das für Gott und die Sonderpost an ihn reserviert ist. Darin stapeln sich »Probleme, die ich nicht lösen kann« und »Menschen, um die du dich kümmern sollst« und »Ideen, die nicht richtig gedeihen« und »Hier ist ein Foto, weißt du jetzt, wen ich meine?«.
Manchmal denke ich, Gott ist ein elektrischer Strom, der, wenn ich schreibe, durch meine Hand in die Welt fließt. So eine Art spirituelle Zaubertinte, wie wenn ein Trickfilmzeichner eine Szene mit Micky Maus aufs Papier wirft, und hast du nicht gesehen, schon saust sie um den Schreibtisch rum. Ich weiß, dass etwas Magisches passiert, wenn ich an Gott schreibe. Es ist wie »Ich schreibe«, und Gott »richtet's«.

Übung

Wenn Gott die Bibel »schrieb«, könnten Sie wenigstens ein paar einfache Fragen beantworten:

1. Haben Sie gelernt, schriftlich zu beten?
2. Haben Sie Gott jemals einen netten Valentinsgruß zukommen lassen?
3. Haben Sie Gott jemals ein Dankeschön geschickt?

4. Haben Sie, wenn Sie sauer waren, Gott je einen wütenden Brief geschrieben, damit die Luft wieder rein ist?
5. Wie wär's mit einem Liebesbrief?

Fangen Sie mit einem der Punkte an. Führen Sie die anderen später aus.

Sabrina Fox

Wie Engel uns lieben

ISBN 3-426-66652-9

Seit ewigen Zeiten faszinieren und inspirieren Engel den Menschen. Sabrina Fox schildert, wie sie im Laufe der Jahre Frauen, Männer und Kinder getroffen hat, die von ihren Engelbegegnungen erzählen und deren Leben sich dadurch wunderbar verändert hat. Neben Geschichten von Begegnungen mit Schutzengeln werden Informationen und Meditationen angeboten, wie wir unsere persönlichen Engel finden und mit ihnen kommunizieren können.

Diese erweiterte Neuausgabe enthält einen gesonderten Frage-Antwort-Teil, in dem die Autorin Stellung nimmt zu den mannigfaltigen Reaktionen ihrer Leserschaft, die sie seit dem Erscheinen des Bestsellers vor zehn Jahren erfahren hat.